CATALOGUE

DE LA

BIBLIOTHÈQUE PAROISSIALE

DE

SAINT-SULPICE.

—◦◦◦◦—

SE VEND AU PROFIT DE L'ŒUVRE,

DANS LE LOCAL DE LA BIBLIOTHÈQUE

OUVERTE LES DIMANCHES DE 2 A 3 HEURES, ET LES MERCREDIS DE 2 A 4 HEURES,

RUE CASSETTE, 13.

PARIS.

IMPRIMERIE D'ADRIEN LE CLERE ET Cie,

IMPRIMEURS DE N. S. P. LE PAPE ET DE MONSEIGNEUR L'ARCHEVÊQUE,

RUE CASSETTE, Nº 29, PRÈS SAINT-SULPICE.

—

1843.

AVERTISSEMENT.

Nous aurions désiré offrir plus tôt à nos lecteurs le Catalogue que nous leur présentons aujourd'hui, et qu'ils attendent depuis plusieurs mois; d'une part la longueur de ce travail, joint à celui du classement de plus de deux mille volumes réunis en fort peu de temps; de l'autre, l'espérance de le rendre plus complet et plus varié en le retardant, nous ont empêchés de satisfaire plus tôt la juste impatience de nos abonnés.

Un grand nombre d'OEuvres de bons livres ont été fondées en France depuis plusieurs années : de nos jours, les efforts des gens de bien paraissent les seconder avec un empressement et une intelligence louables; mais au milieu de toutes ces OEuvres, nous ne savons s'il en existe une seule dont l'établissement ait été aussi prompt que celui de la Bibliothèque de Saint-Sulpice. A peine, en effet, dans les derniers jours de 1841, la première pensée en avait-elle été exprimée par le vénérable et zélé pasteur placé par la Providence à la tête de cette pieuse paroisse, que de tous côtés, à son appel, des livres nous ont été envoyés; en moins de trois mois, près de quinze cents volumes, tous gratuitement offerts, se trouvaient réunis, classés, numérotés, un Réglement, dont les dispositions ont été déjà adoptées par d'autres OEuvres semblables, était imprimé; et le 20 mars 1842 la Bibliothèque paroissiale était ouverte aux lecteurs. C'est aux personnes dont les offrandes ont contribué à sa fondation que nous aimons à en attribuer le mérite, comme c'est à elles que nous nous plaisons à adresser ici nos sincères remerciements. Nous prions surtout MM. les libraires paroissiens de Saint-Sulpice, dont le concours généreux et désintéressé l'a enrichie de tant d'excellens livres, de recevoir l'assurance de la gratitude de ses fondateurs, de ses abonnés et de tous ses lecteurs.

Un coup d'œil jeté sur le Catalogue montrera que si les ouvrages religieux en composent une partie notable, ceux instructifs, intéressants et même amusants y ont été également admis en grand nombre, et de manière à satisfaire à peu près tous les goûts. Sans doute nous sommes loin de posséder tous les livres qu'on pourrait nous demander, qu'on désirerait même trouver à la Bibliothèque; mais nous espérons que l'amour du bien, après avoir fondé, ne s'arrêtera pas là, et que notre appel pour le complément de cette Œuvre sera entendu comme il l'a été quand il s'est agi de l'établir (1). Nous prions donc ici toutes les personnes qui auraient à leur disposition quelques bons livres dont elles pourraient se passer, de nous les faire remettre. Si déjà nous les possédons, il nous sera facile de les échanger contre d'autres, à moins qu'ils ne soient de nature à être conservés en double ou en triple exemplaire; de cette manière, tel excellent ouvrage qui repose ignoré sur les rayons d'une bibliothèque, circulera de mains en mains, et fera d'autant plus de bien qu'il sera lu davantage. Notre pensée dominante étant de prévenir le danger des mauvais livres, et d'en combattre la lecture en offrant aux personnes de bonne volonté les moyens de se procurer facilement de bons ouvrages, nous admettons tous ceux qui sont sagement écrits, qui peuvent plaire et instruire, servir au délassement de l'esprit comme au progrès de la science : nous n'excluons, mais avec rigueur, que ceux qui contiennent des passages contraires à la foi ou aux mœurs.

Nous n'avons pas besoin de faire ressortir ici les avantages d'une Œuvre de bons livres, et de montrer comment elle peut être à la fois un moyen de préservation et de salut. Tout le monde convient aujourd'hui qu'après avoir appris à lire au peuple, rien n'est plus important que de lui offrir de bonnes lectures; car s'il n'a pas à sa disposition des livres instructifs ou amusants, mais irréprochables, il en trouvera facilement qui jetteront dans son cœur le poison de l'immoralité et de l'irréligion. Une Bibliothèque paroissiale est donc à la fois une œuvre religieuse et sociale; c'est à ce double titre que nous appelons sur elle l'intérêt de tous les gens de bien qui ne sauraient placer plus utilement leurs dons et leurs largesses. Certes, nous avons une haute estime pour toutes les œuvres de charité qui ont pour objet de soulager les misères corporelles, de subvenir aux calamités publiques et particulières, de donner du pain, des vêtemens, un asile à ceux qui n'en ont point; nous admirerons et nous encouragerons toujours les personnes qui s'y dévouent avec tant de zèle et d'activité. Mais qu'on ne l'oublie pas, il y a aussi des intelligences à nourrir, des cœurs à préserver, à guérir, à consoler, et qui réclament avant tout le pain spirituel qui doit leur donner, leur rendre ou leur conserver la vie. Qu'on s'efforce donc d'abord de remplacer le vice par la vertu, de substituer la vérité à l'erreur et au mensonge, de détruire ce froid égoïsme, fruit d'une philosophie sceptique et incrédule; peut-être alors les misères corporelles seront-elles moins nombreuses; en tous cas, elles trouveront des secours plus abondants et plus certains dans les bienfaits d'une charité devenue plus commune, plus compatissante et plus généreuse.

Nous avons la confiance que ce premier Catalogue (1), en attestant les accroissements d'une OEuvre si excellente, contribuera à lui en procurer de nouveaux. Nous invi-

(1) Quand de nouvelles acquisitions les rendront utiles, des suppléments seront successivement imprimés.

tons encore les personnes sincèrement animées de l'amour du bien à en favoriser les progrès et à nous seconder. Leur zèle doit être encouragé par les bons résultats qu'elle a déjà produits, par les services importants qu'elle peut rendre dans l'avenir, et par cette pensée qu'une bonne action a toujours son mérite et sa récompense devant Dieu. Ceux même des lecteurs qui sont admis à titre purement gratuit, comprendront que l'OEuvre dont ils profitent, eux et leurs familles, ne peut se soutenir et faire face à toutes ses dépenses qu'à l'aide de dons volontaires; et s'ils peuvent y contribuer en quelque manière, leurs offrandes les plus minimes seront reçues avec autant de reconnaissance que les offrandes plus abondantes des personnes riches, parce qu'elles ont toutes leur mérite proportionnel.

RÉGLEMENT

DE LA BIBLIOTHÈQUE PAROISSIALE DE SAINT-SULPICE.

I.

La Bibliothèque paroissiale de *Saint-Sulpice* a été fondée dans le but de réunir, pour les confier en lecture à titre de prêt, des bons livres en tout genre, dont le nombre s'accroîtra successivement à proportion des ressources.

II.

Elle a été fondée et elle est entretenue et augmentée par des dons volontaires, soit en argent, soit en livres, et par les souscriptions dont il sera parlé ci-après, art. XI.

III.

La Bibliothèque étant une OEuvre éminemment paroissiale, est recommandée d'une manière toute spéciale au zèle et à la charité des paroissiens, comme un des meilleurs moyens de ranimer la foi et de purifier les mœurs en propageant les bonnes doctrines.

IV.

Les noms de toutes les personnes qui contribuent à la fondation, à l'entretien et à l'augmentation de la Bibliothèque, par des dons en livres ou en argent, sont inscrits sur un registre spécial, dit *des fondateurs et des bienfaiteurs de l'OEuvre*. Chaque année, le jour de saint Augustin, patron de l'OEuvre (28 août), une messe est dite pour eux, et pour ceux dont les offrandes ont été reçues sans qu'ils aient fait connaître leurs noms.

V.

Le produit des dons quels qu'ils soient, et des souscriptions dont il sera parlé art. XI, est exclusivement appliqué à l'augmentation et à l'entretien de la Bibliothèque, et ne saurait, sous aucun prétexte, en être distrait pour être employé à une autre OEuvre.

VI.

Le but de l'OEuvre étant de multiplier les bonnes lectures et de détourner des mauvaises, en rendant faciles celles qui offrent à la fois utilité, variété et agrément, la Bibliothèque admet des ouvrages en tout genre, religion, piété, histoire, voyages, littérature, sciences et arts, etc. — Elles n'exclut que ceux qui ne seraient pas *absolument irréprochables* sous le double rapport de la foi et des mœurs.

VII.

Chaque volume appartenant à la Bibliothèque est marqué, sur le titre, d'un timbre constatant qu'il appartient à l'OEuvre paroissiale, et, au dos, de signes indicatifs propres à faciliter son classement et sa recherche.

VIII.

La Bibliothèque est placée sous la direction de M. l'abbé Barrande, Vicaire de la Paroisse.

IX.

La Bibliothèque ayant pour objet de faciliter les bonnes lectures, le prêt des livres est fait *gratuitement* à toutes les personnes *de la paroisse* auxquelles leur position ne permet pas de contribuer à son entretien et à son augmentation par la rétribution annuelle fixée art. xi.

X.

Tout paroissien qui désire recevoir *gratuitement* des livres, doit, pour les obtenir, présenter à M. le Directeur une demande d'inscription signée de M. le Curé, ou de l'un de MM. les Prêtres de la paroisse, ou se faire présenter et recommander par une personne connue, qui réponde des ouvrages prêtés.

XI.

Le prix de la souscription est de DIX FRANCS par an, payables en une ou en plusieurs fois, en livres ou en argent. — Les souscriptions datent toutes de *janvier* ou de *juillet*.

XII.

Toute personne indistinctement, à quelque paroisse qu'elle appartienne, peut être admise à recevoir des livres de la Bibliothèque, pourvu qu'elle remplisse les conditions de l'article précédent, et qu'elle offre une garantie quelconque de la conservation des livres qui lui sont confiés.

XIII.

En échange de sa souscription ou de sa demande d'inscription gratuite, chaque lecteur reçoit une carte qui lui donne droit d'emprunter des livres pour lui-même, pour les personnes de sa maison ou pour d'autres, pendant tout le temps de sa souscription, mais sous sa responsabilité.

Cette carte doit être présentée chaque fois qu'on rapporte un livre ou qu'on en demande un.

Les ouvrages prêtés sont toujours inscrits sous le nom de la personne à qui la carte appartient, quelle que soit celle qui la présente.

XIV.

Une même personne peut prendre plusieurs souscriptions ; elle reçoit alors autant de cartes qu'elle a de souscriptions, ce qui lui permet soit de les prêter, soit d'avoir à la fois un plus grand nombre d'ouvrages à faire lire.

XV.

D'après ce qui a été dit au troisième paragraphe de l'art. XIII, toute personne qui aurait égaré sa carte voudra bien en donner immédiatement avis à M. le Directeur, afin qu'on ne puisse pas demander en son nom de nouveaux ouvrages dont elle serait responsable.

XVI.

Un lecteur n'est pas tenu de se présenter lui-même chaque fois à la Bibliothèque, pour recevoir ou pour rendre des livres ; il suffit qu'il fasse faire sa demande par une tierce personne chargée de produire sa carte. — Il est à désirer seulement qu'on indique avec soin l'ouvrage qu'on désire, et même qu'on en désigne plusieurs, pour le cas où celui demandé serait déjà en lecture.

XVII.

Toute personne qui aura reçu un livre de la Bibliothèque est tenue d'en avoir soin et de le rendre en bon état. — Elle en répond, et doit le remplacer ou tenir compte de sa valeur en cas de perte ou de notable détérioration. — Cette responsabilité est encourue par les personnes qui prêtent leur carte de souscription.

Il est expressément recommandé de n'écrire ni sur les marges ni sur les titres des livres, de n'y tracer aucun signe, de ne point enlever les étiquettes placées au dos de chaque volume, etc. (1).

XVIII.

Chaque souscripteur ne recevra jamais plus de *deux* volumes à la fois par chaque carte de souscription dont il sera porteur, et jamais plus de *trois volumes du même ouvrage,* quel que soit le nombre de ses souscriptions.

XIX.

Un ouvrage ne pourra pas être gardé plus *d'un mois.* — A l'expiration de ce terme il devra être rendu, à moins que l'emprunteur ne demande une prorogation, qui pourra être refusée si l'ouvrage est attendu par d'autres personnes.

XX.

A chaque ouvrage prêté, le Bibliothécaire inscrit sur un registre spécial la date du prêt, les nom et adresse de l'emprunteur, les titres et numéros des volumes, etc.

A chaque ouvrage rendu il est fait mention de sa rentrée dans une colonne spéciale du même registre, et sur la même ligne qui a reçu l'indication de sa sortie.

XXI.

La Bibliothèque est ouverte (rue Cassette, n° 13) tous les *dimanches* de 2 à 3 heures, et tous les *mercredis* de 2 à 4.

Aucun ouvrage ne sera prêté ni reçu hors des jours et des heures d'ouverture.

XXII.

Les dons, les souscriptions et tout ce qui a rapport à la Bibliothèque paroissiale de Saint-Sulpice, doit être remis à la Bibliothèque, rue Cassette, 13, pendant les heures d'ouverture, ou à M. l'abbé Barrande.

(1) Jusqu'au moment surtout où il aura été possible de faire relier tous les ouvrages, le plus grand soin est recommandé pour les livres brochés. — Il n'en sera plus donné en lecture que de reliés, dès que les ressources permettront la dépense de la reliure.

CATALOGUE (1).

A

ABEILLES (Fragments d'Hubert sur les), avec une préface et des notes; par M. le docteur Mayranx. 1 vol. in-18. (R.)

ABRÉGÉ DE LA PRATIQUE DE LA PERFECTION CHRÉTIENNE, tiré des OEuvres du R. P. Alphonse Rodriguez; par le P. Tricalet. 2 vol. in-12. (*Voyez* Pratique.)

ABRÉGÉ DE LA VIE DE LOUIS STÉFANELLI. 1 vol. in-12.

ABRÉGÉ DE LA VIE DE SAINT FRANÇOIS D'ASSISE; par M. Émile Chavin de Malan. 1 vol. in-18.

ABRÉGÉ DE LA VIE DES DAMES FRANÇAISES LES PLUS ILLUSTRES par leur piété et leur charité. 1 vol. in-18.

ABRÉGÉ DE LA VIE DES SAINTES FEMMES MAR-

------

(1) Les titres de quelques ouvrages sont suivis de la lettre R; ce signe est employé pour indiquer qu'on ne doit prêter ou lire qu'avec *réserve* le livre à la suite duquel il est placé, et qui, s'il est bon en lui-même, ne pourrait cependant sans inconvénient être confié à toute sorte de personnes.

TYRES ET VIERGES, pour tous les jours de l'année. 2 vol. in-12.

ABRÉGÉ DE L'ENSEIGNEMENT DE LA RELIGION; par M. l'abbé Mérault. 1 vol. in-12.

ABRÉGÉ DE L'HISTOIRE D'ANGLETERRE du D. Lingard, continuée jusqu'à nos jours par M. de Marlés. 2 vol. in-12. (*Voyez* Histoire abrégée d'Angleterre.)

ABRÉGÉ DE L'HISTOIRE D'ANGLETERRE d'après Lingard, Hume, Smollet et les écrivains les plus estimés; par M. Philippe Boyer. 3 vol. in-12. (R.)

ABRÉGÉ DE L'HISTOIRE DE L'ANCIEN ET DU NOUVEAU TESTAMENT; par M. J.-B. Lécuy. 1 vol. in-12.

ABRÉGÉ DE L'HISTOIRE DE L'ANCIEN TESTAMENT (Nouvel), à l'usage de la jeunesse, des institutions primaires et des maisons d'éducation; traduit de l'allemand de Christophe Schmid, par L. Friedel. 1 vol. in-18.

ABRÉGÉ DE L'HISTOIRE DE LA SAINTE BIBLE, et de ce qui s'est passé de plus remarquable parmi le peuple de Dieu, pour l'instruction de la jeunesse et des fidèles. 1 vol. in-18.

ABRÉGÉ DE L'HISTOIRE DU NOUVEAU TESTAMENT (Nouvel), à l'usage etc.; traduit de l'allemand de Christophe Schmid, par Louis Friedel. 1 vol. in-18.

ABRÉGÉ DE L'HISTOIRE ET DE LA MORALE DE L'ANCIEN TESTAMENT, où l'on a conservé, autant qu'il a été possible, les propres paroles de l'Écriture-Sainte, avec des éclaircissements. 1 vol. in-12.

ABRÉGÉ DE L'HISTOIRE ET DE LA MORALE DE L'ANCIEN TESTAMENT, ou Extraits des livres Sapientiaux et des écrits des prophètes, avec des éclaircissements. 1 vol. in-12.

ABRÉGÉ DE L'HISTOIRE DES CROISADES, par

M. F. Valentin. 1 vol. in-12. (*Voyez* Histoire des Croisades.)

ABRÉGÉ DE L'HISTOIRE DES INDIENS de l'Amérique septentrionale; par M. Baraga. 1 vol. in-12.

ABRÉGÉ DE L'HISTOIRE D'ESPAGNE, depuis les temps les plus reculés jusqu'à nos jours; par M. P. D. 2 vol. in-12.

ABRÉGÉ DE L'HISTOIRE DES VOYAGES. (*Voyez* Voyages.)

ABRÉGÉ DE L'HISTOIRE SAINTE, à l'usage de la jeunesse; par M. J.-F. Magagnosc. 1 vol. in-12.

ABRÉGÉ DE L'HISTOIRE SAINTE; par M. Émile de Bonnechose. 1 vol. in-18. (R.)

ABRÉGÉ DE S. JEAN CHRYSOSTOME sur le Nouveau-Testament. 2 vol. in-8°.

ABRÉGÉ DES MÉMOIRES POUR SERVIR A L'HIS-TOIRE DU JACOBINISME; par Barruel. 2 vol. in-12.

ABRÉGÉ DES VIES DES PÈRES, des Martyrs et des autres principaux Saints, par Godescard. 4 vol. in-12.

ABRÉGÉ DE VOYAGES. (*Voyez* ce mot.)

ABRÉGÉ DU CATÉCHISME DE PERSÉVÉRANCE, ou Exposé historique, dogmatique, moral et liturgique de la religion, depuis l'origine du monde jusqu'à nos jours; par M. l'abbé Gaume. 1 vol. in-18. (*Voyez* Catéchisme.)

ABUS DE LA LIBERTÉ DE LA PRESSE (des), ou Considérations sur la propagation des mauvais livres. 1 vol. in-12.

ACCORD DE LA FOI AVEC LA RAISON, ou Exposition des principes sur lesquels repose la foi catholique; par M. l'abbé Receveur. 1 vol. in-12.

ADALBERT, ou l'Anacharsis chrétien au xviiie siècle; par M. de Fontaine de Resbecq. 2 vol. in-18.

ADAM ; par M. le vicomte Walsh. 1 vol. in-18.

ADÉLAIDE DE LICHTEMBERG, ou la Piété filiale. 1 vol. in-18.

ADÉLAIDE DE WITSBURY, ou la Pieuse pensionnaire; par le P. Michel-Ange Marin. 1 vol. in-12.

ADELMAR LE TEMPLIER ; imité de l'allemand. 1 vol. in-32.

ADHÉMAR DE BELCASTEL, ou Ne jugez point sans connaître. 4 vol. in-18.

ADOLPHE ET SIMÉON, ou le Triomphe de la vertu sur l'incrédulité. 1 vol. in-18.

AGNÈS, ou la Petite joueuse de luth ; par Schmid. 1 vol. in-18.

ALBERTINE, ou la Connaissance de Jésus-Christ ; par L. J. 1 vol. in-18.

ALBUM D'ÉLÉONORE (l'), ou Brésil et France ; par mademoiselle Eulalie B. 1 vol. in-18.

ALEXANDRE, ou les Avantages d'une éducation chrétienne ; par M. L. H. 1 vol. in-18.

ALEXIS LE JEUNE ARTISTE, suivi de *Albert et Minna ;* par M. P. Marcel. 1 vol. in-18.

ALGÈBRE (Petite), par M. Meissas. 1 vol. in-18.

ALGER ET LES COTES D'AFRIQUE; par M. de Fontaine de Resbecq. 1 vol.in-18.

ALINE ET MARIE, ou les Jeunes Parisiennes en Suisse ; par madame M.-R. S. 1 vol. in-12.

ALPHONSE, ou la Puissance de la vertu ; par M. l'abbé Mitraud. 1 vol. in-12.

ALPHONSE ET PHILIPPE, ou Bonté de cœur et Jalousie ; par mademoiselle Brun. 1 vol. in-18.

ALTON-PARK, ou Conversations sur des sujets moraux et religieux à l'usage des jeunes personnes. 2 vol. in-8°.

AMALIA CORSINI, ou l'Orpheline de Sienne; par M. Victor Doublet. 1 vol. in-12.

AME AFFERMIE DANS LA FOI (l') et prémunie contre la séduction de l'erreur, ou Preuves abrégées de la religion à la portée de tous les esprits et de tous les états; par M. l'abbé Baudrand. 1 vol. in-18.

AME CHRÉTIENNE (l') formée sur les maximes de l'Évangile; par M. l'abbé de Saint-Pard; suivi de l'*Oratoire du cœur*. 1 vol. in-12.

AME CONSOLÉE (l'), ou Madame de Montmorency à Moulins; par mademoiselle A. Celliez. 1 vol. in-18.

AME CONTEMPLANT LES GRANDEURS DE DIEU (l'); par M. l'abbé Baudrand. 1 vol. in-18.

AME ÉCLAIRÉE (l') par les oracles de la sagesse, dans les paraboles et les béatitudes évangéliques; par M. l'abbé Baudrand. 1 vol. in-12.

LE MÊME OUVRAGE. 1 vol. in-18.

AME ÉLEVÉE A DIEU (l') par les réflexions et les sentiments; par M. l'abbé Baudrand. 1 vol. in-12.

LE MÊME OUVRAGE. 1 vol. in-18.

AME EMBRASÉE DE L'AMOUR DIVIN (l') par son union aux sacrés cœurs de Jésus et de Marie; par M. l'abbé Baudrand. 1 vol. in-12.

LE MÊME OUVRAGE. 1 vol. in-18.

AME EXILÉE (l'), légende; par Anna Marie; suivie d'*Éliézer et Nephtali*, poème; par Florian. 1 vol. in-12. (R.)

AME FIDÈLE (l') animée de l'esprit de Jésus-Christ, par la considération sur les divins mystères, avec des considérations sur les mystères de la sainte Vierge; par M. l'abbé Baudrand. 1 vol. in-12.

LE MÊME OUVRAGE. 1 vol. in-18.

AME INTÉRIEURE (l'), ou Conduite spirituelle dans les

voies du salut, augmentée de l'*Ame seule avec Dieu*, etc. par M. l'abbé Baudrand. 1 vol. in-18.

AME PÉNITENTE (l'), ou le nouveau Pensez-y bien, considérations sur les vérités éternelles, avec des histoires et des exemples; par M. l'abbé Baudrand. 1 vol. in-18.

AME PIEUSE AVEC DIEU (l'); par M. l'abbé C.-J. Busson. 1 vol. in-18.

AME RELIGIEUSE (l') élevée à la perfection par les exercices de la vie intérieure; par M. l'abbé Baudrand. 1 vol. in-12.

LE MÊME OUVRAGE. 1 vol. in-18.

AME SANCTIFIÉE (l') par la perfection de toutes les actions de la vie, ou la Religion pratique; par M. l'abbé Baudrand. 1 vol. in-18.

AME SUR LE CALVAIRE (l'), considérant les souffrances de Jésus, et trouvant au pied de la croix la consolation de ses peines; par M. l'abbé Baudrand. 1 vol. in-12.

LE MÊME OUVRAGE. 1 vol. in-18.

AMI DES ENFANTS (l'); par Berquin. 7 vol. in-18.

AMI DES PÉCHEURS (l'), ou Pressantes exhortations faites aux pécheurs, suivies d'Anecdotes. 1 vol. in-12.

AMI DU RICHE ET DU PAUVRE (l'), ou Manuel de la miséricorde, opuscule extrait en grande partie des pensées du P. Lejeune. 1 vol. in-18.

AMIES (Deux), ou la Conversion. 3 vol. in-18.

AMIES DE PENSION (les), ou l'Émulation mise à profit. 1 vol. in-12.

AMITIÉ CHRÉTIENNE (les avantages de l'), ou Lettres à Gustave. 1 vol. in-8°.

ANALYSE et Extrait d'une exposition des preuves les plus sensibles de la véritable religion. 1 vol. in-12.

ANATOLE, ou les Epreuves de la piété filiale; par M.
L. 1 vol. in-18.

ANDRÉ, ou le Bonheur dans la piété ; par Mad. C. Farrenc. 1 vol. in-18.

ANECDOTES CHRÉTIENNES, ou Traits d'histoire choisis;
par M. l'abbé Reyre. 1 vol. in-12.
Le même ouvrage. 2 vol. in-12.

ANECDOTES CHRÉTIENNES (Nouvelles), précédées des
Motifs de revenir à la religion, par le comte de Stol-
berg, et d'une Notice sur son retour à l'Église catholique. 1 vol. in-12.

ANGE CONDUCTEUR (l') dans la dévotion chrétienne
réduite en pratique en faveur des ames dévotes. 1 vol.
in-12.

ANIMAUX INDUSTRIEUX (les); par M. Allent. 1 vol.
in-12.

ANNA, ou la Piété filiale ; par M. de Marlès. 1 vol. in-12.

ANNALES DE LA PROPAGATION DE LA FOI. 13 vol.
in-8. (*Voyez* Lettres édifiantes.)

ANNALES DU CATHOLICISME EN EUROPE. 7 cahiers
in-8.

ANNE DE GEIERSTEIN, la fille du brouillard ; par
Walter Scott ; édition abrégée par M. d'Exauvillez.
1 vol. in-12.

ANNÉE AFFECTIVE (l') ou Sentiments sur l'amour de
Dieu, tirés du *Cantique des cantiques,* pour chaque jour
de l'année; par le P. Avrillon. 1 vol. in-12.

ANNÉE CHRÉTIENNE (l'); par l'abbé Croiset. 18 vol.
in-12. (*Voyez* Exercices de piété.)

ANNÉE CHRÉTIENNE, ou Précis de la vie d'un saint
pour tous les jours de l'année; par M. l'abbé Balthazard.
1 vol. in-12.

ANNÉE DE MARIE (l'), ou Pélerinages aux sanctuaires de la Mère de Dieu. 2 vol. in-12.

ANNÉE DU CHRÉTIEN (l'), contenant des instructions sur les mystères et les fêtes, l'explication des Epîtres et des Evangiles, avec l'abrégé de la vie d'un saint pour chaque jour de l'année. (Mois de mai.) 1 vol. in-12.

ANNÉE (l'Heureuse), ou l'Année sanctifiée par la méditation des sentences et des exemples des saints; par M. l'abbé Lasausse. 1 vol. in-12.

ANNETTE, suivie de *Béatrice*, ou l'Epouse chrétienne. 1 vol. in-18.

ANSELME LE MENDIANT, imité de l'allemand par M. l'abbé H. 1 vol. in-18.

ANTIQUAIRE (l'), par Walter Scott; édition abrégée par M. d'Exauvillez. 1 vol. in-12.

ANTIQUITÉS GRECQUES ET ROMAINES, ou Tableau de l'organisation politique et de la vie privée des Grecs et des Romains; par M. Lebas. 1 vol. in-12.

ANTIQUITÉS NATIONALES, par M. Boutteville; sous la direction de M. Paulin Paris. 1 vol. in-12.

ANTI-RÉVOLUTIONNAIRE (l'), ou Lettres à mon fils sur les causes, la marche et les effets de la révolution française; par M. Taillandier. 2 vol. in-8.

ANTONIO, ou l'Orphelin de Florence; par L. F. 1 vol. in-18.

APOLOGISTES (les), ou la Religion prouvée et défendue par ses amis comme par ses ennemis; par M. l'abbé Mérault. 1 vol. in-12.

APOLOGISTES INVOLONTAIRES (les); par M. l'abbé Mérault. 1 vol. in-12.

APOLOGUES ET ALLÉGORIES CHRÉTIENNES, ou la Morale de l'Evangile développée et rendue sensible dans quatre livres d'apologues et d'allégories en vers français. 1 vol. in-12.

APOSTOLAT ET MARTYRE DE M. CORNAY, missionnaire en Chine, racontés par M. Marette, missionnaire apostolique. 1 vol. in-32.

APPLICATION DE LA MORALE A LA POLITIQUE; par M. J. Droz. 1 vol. in-8.

APPRENTISSAGES (les deux); par M. Fortunat. 1 vol. in-18.

APRÈS LE TRAVAIL, contes sous la feuillée; par M. Stéphen de la Madelaine. 1 vol. in-12.

ARBRE JUGÉ PAR SES FRUITS (l'); par M. l'abbé G. A. 1 vol. in-18.

ARCHÉOLOGIE CHRÉTIENNE, ou Précis de l'histoire des monuments religieux du moyen-âge; par M. l'abbé Bourassé. 1 vol. in-8.

ARCHITECTURE DES OISEAUX; traduit de l'anglais par M. H.-J. Gouraud. 1 vol. in-12.

ARTE BENÈ MORIENDI (de). 1 vol. in-32.

ARTHUR ET THÉOBALD, ou la Véritable amitié; par M. Champagnac. 1 vol. in-12.

ARTISANS CÉLÈBRES (les); par M. F. Valentin. 1 vol. in-12.

ASIE ET AMÉRIQUE, ou Tableau intéressant de la religion, des mœurs, usages et coutumes diverses des populations de ces deux parties du monde. 1 vol. in-12.

ASTRONOMIE DES DAMES, par Lalande; suivie des *Entretiens sur la pluralité des mondes,* par Fontenelle. 1 vol. in-12. (R.)

ATELIERS (les deux); par mademoiselle Brun. 1 vol. in-18.

ATHLÈTE CHRÉTIEN (le jeune); par M. l'abbé Monnaix. 1 vol. in-18.

ATLAS historique et chronologique des littératures anciennes et modernes, des sciences et des beaux-arts, d'après la méthode et sur le plan de l'Atlas de Lesage; par M. A. Jarry de Mancy. in-folio.

AUBERGE DANGEREUSE (l'); par M. Micheland. 1 vol. in-18.

AUGUSTE, ou le Jeune pâtre de Dettenheim; par M. P. Marcel. 1 vol. in-18.

AURÉLIE, ou le Monde et la piété; par M. d'Exauvillez. 1 vol. in-12.

AUTOMNE (l'); par mademoiselle Brun. 2 vol. in-18.

AVANTAGES DE L'AMITIÉ CHRÉTIENNE (les), ou Lettres à Gustave. 1 vol. in-8.

AVENTURES DE TÉLÉMAQUE, par Fénelon; suivies des *Aventures d'Aristonoüs*; édition *revue* avec soin. 1 vol. in-12.

LE MÊME OUVRAGE. 2 vol. in-8.

AVENTURES DE NIGEL, par Walter Scott; édition abrégée par M. d'Exauvillez. 1 vol. in-12.

AVENTURES DE GEORGES RICHARD, racontées par lui-même. 2 vol. in-18.

AVENTURES DE ROBINSON CRUSOÉ, traduites de l'anglais de Daniel de Foé; édition *revue et corrigée* par une société d'ecclésiastiques. 2 vol. in-12.

AVENTURES D'UNE PIÈCE DE DIX SOUS ET D'UNE PIÈCE DE VINGT FRANCS; par M. Fortunat. 1 vol. in-18.

AVENTURES ET CONQUÊTES DE FERNAND CORTEZ AU MEXIQUE; par M. Henri Lebrun. 1 vol. in-12.

B

BACON ET S. THOMAS DE CANTORBÉRY ; par M. Ozanam. 1 vol. in-12.

BAGUE TROUVÉE (la), ou les Fruits d'une bonne éducation ; par Schmid. 1 vol. in-18.

LE MÊME OUVRAGE. 1 vol. in-32.

BARIL D'ENCRE (le Petit), imité de l'allemand. 1 vol. in-32.

BARQUE DU PÊCHEUR (la), traduit de l'allemand par M. Louis Friedel. 1 vol. in-18.

BARTHÉLEMY, ou le Pâtre devenu missionnaire; imité de l'allemand. 1 vol. in-32.

BASTIEN, ou le Dévouement filial ; par madame C. Farrenc. 1 vol. in-18.

BEAUTÉS DE LA MORALE CHRÉTIENNE, ou Choix de morceaux sur les vérités, la force de la morale, et l'excellence du christianisme. 1 vol. in-12.

BEAUTÉS DE L'HISTOIRE, ou Tableaux des vertus et des vices, dédié à la jeunesse; par madame de Pierreux. 1 vol. in-12.

BEAUTÉS DE L'HISTOIRE DES CROISADES et des ordres religieux et militaires qui en sont nés; par M. de Propiac. 1 vol. in-12. (*Voyez* Histoire des Croisades.)

BEAUTÉS DE L'HISTOIRE ROMAINE, ou Tableau des événements qui ont immortalisé les Romains. 1 vol. in-12.

BEAUTÉS DE L'HISTOIRE SAINTE; par M. H. Lemaire. 1 vol. in-12.

BEAUTÉS DU CHRISTIANISME, ou Recueil de belles actions inspirées par cette religion; par M. A. Caillot. 1 vol. in-12.

BEAUX EXEMPLES DE PIÉTÉ FILIALE, de concorde fraternelle et de respect envers la vieillesse; par M. A.-F.-J. Fréville. 1 vol. in-12.

BENJAMIN, ou l'Elève des Frères des Ecoles chrétiennes; par M. L. 1 vol. in-18.

BERCEAU (le), imité de l'allemand de M. l'abbé Nelk. 1 vol. in-32.

BERCHMANS le parfait modèle. 1 vol. in-18.

BERGER D'HELFÉDANGE (le), Chronique du XVIIIe siècle; par M. Stéphen de la Madelaine. 1 vol. in-18.

BERGER (le), imité de l'allemand de M. l'abbé M. 1 vol. in-32.

BERNARD ET ARMAND, ou les Ouvriers chrétiens; par M. Christophe Mœhrle. 1 vol. in-18.

BERTHE, ou l'Ecran; par Schmid. 1 vol. in-32.

BIBLE DE FAMILLE, ou Histoire de l'ancien Testament pour l'instruction dogmatique et morale de la jeunesse. 1 vol. in-12.

BIBLE DE LA JEUNESSE. (*Voyez* Abrégé de l'histoire de l'ancien et du nouveau Testament.)

BIBLE DE L'ENFANCE (la), ou l'Histoire abrégée de l'ancien et du nouveau Testament racontée aux enfants de huit à douze ans; par M. l'abbé Martin de Noirlieu, curé de Saint-Jacques à Paris. 1 vol. in-18.

LE MÊME OUVRAGE. 3 vol. in-32.

BIBLE (la sainte), traduction nouvelle; par M. de Genoude. 3 vol. in-8°.

BIBLE (la sainte), traduction de M. Lemaistre de Saci. 3e vol. (contenant les *Paralipomènes, Esdras, Tobie, Judith, Esther* et *Job*).

BIBLIOGRAPHIE CATHOLIQUE, Revue critique des ouvrages de religion, de philosophie, d'histoire, de littérature, d'éducation, etc.; années 1841, 1842, 1843. 2 vol. in-8. •

BIBLIOTHÈQUE CHOISIE DES PÈRES DE L'ÉGLISE GRECQUE ET LATINE, ou Cours d'éloquence sacrée; par M.-N.-S. Guillon, professeur d'éloquence sacrée à la faculté de théologie de Paris, etc. 26 vol. in-8.

BIBLIOTHÈQUE DE S. GERVAIS. 1 vol. in-18.

BIBLIOTHÈQUE DES VILLAGES. par Berquin. 2 vol. in-18.

BIENFAITS DE LA RELIGION, ou Histoire des institutions et des établissements utiles qu'elle a fondés, des abus qu'elle a corrigés, etc.; par M. T. Delacroix. 1 vol. in-18.

BIENFAITS DU CATHOLICISME DANS LA SOCIÉTÉ, par M. l'abbé Pinard. 1 vol. in-8.

BLASON (Cours abrégé de), suivi d'une Notice détaillée sur les ordres de chevalerie. 1 vol. in-12.

BON CURÉ (le), ou Réponses aux objections populaires contre la religion; par M. d'Exauvillez. 1 vol. in-18. (*Voyez* Bon paysan.)

BON FRIDOLIN (le) et le Méchant Thierry; par Schmid. 1 vol. in-18.

Le même ouvrage. 2 vol. in-32.

BON MÉDECIN DE CAMPAGNE (le), par M. H. G. 1 vol. in-12.

BONNE FRIDOLINE (la), par M. l'abbé Hunkler. 1 vol. in-18.

BONNE FRIDOLINE (la) et la Méchante Dorothée; par M. Louis Friedel. 1 vol. in-18.

BONNE JOURNÉE (la). 1 vol. in-32.

BON PAYSAN (le), ou Thomas converti; par M. d'Exauvillez. 1 vol. in-18. (C'est la 2e partie du *Bon curé*.)

BOSSU (le petit) et la Famille du sabotier; par Mlle Ulliac Trémadeure. 2 vol. in-18.

BOTANIQUE (Petite); par M. N. Meissas. 1 vol. in-18.

BOULE DU CLOCHER (la), imité de l'allemand de M. l'abbé Nelk. 1 vol. in-32.

BOUQUET DE ROSES (le), par L. H. 1 vol. in-18.

BOURSE (la), imité de l'allemand de M. l'abbé Nelk. 1 vol. in-32.

BRACONNIERS (les), ou les Dangers de la colère. 1 vol. in-32.

BRACONNIERS (les), ou les Dangereux effets de la colère et de la taquinerie; par L. F. 1 vol. in-18.

BRAMINES (les), ou le Triomphe de la religion chrétienne; par M. Adr. Lemercier. 1 vol. in-18.

BUCHMANN (le vieux), imité de l'allemand. 1 vol. in-32.

C

CADRAN DE LA PASSION, ou Considérations sur les différentes circonstances de la Passion de Jésus-Christ, rapportées aux différentes heures de la journée où elles se sont accomplies, d'après le récit des Evangélistes. 1 vol. in-18.

CANTIQUES à l'usage des catéchismes de première communion et des retraites. In-18.

CANTIQUES pour la retraite préparatoire à la communion pascale. In-18.

CANTIQUES NOUVEAUX (Recueil de), dédié à M. G. S.; par M. Parfait Rouges. In-18.

CAPITAINE BLICH (le), par M. E. M. 2 vol. in-18.

CARACTÈRES DE LA BRUYÈRE. 2 vol. in-12.

CARACTÈRES DE LA BRUYÈRE, précédés des *Caractères de Théophraste*. 2 vol. in-18.

CARACTÈRES DE LA VRAIE DÉVOTION; par l'abbé Grou. 1 vol. in-32.

CARÊME DE MASSILLON (Petit). 1 vol. in-8.

LE MÊME OUVRAGE. 1 vol. in-12.

LE MÊME OUVRAGE. 1 vol. in-18.

CARÊME POPULAIRE (le), ou l'Ecole de Jésus souffrant ouverte au chrétien par la méditation journalière des douleurs de sa Passion; par le P. Ignace. 2 vol. in-18.

CAROLINE, ou l'Orpheline de Jurançon; par Mad. M.-G. E. 1 vol. in-18.

CATÉCHISME CATHOLIQUE DE CONTROVERSE; par Scheffmacher. 1 vol. in-18.

CATÉCHISME DE CONTROVERSE, suivi d'une lettre sur la maxime qu'un honnête homme ne change jamais de religion. In-12.

CATÉCHISME DE LA PÉNITENCE (le) qui conduit les pécheurs à une véritable conversion; par M. Le Tourneux. 1 vol. in-18.

CATÉCHISME DE LA VIE INTÉRIEURE; par M. Olier. 1 vol. in-32.

CATÉCHISME DE MONTPELLIER. (*Voyez* Instructions générales.)

CATÉCHISME DE PERSÉVÉRANCE, ou Exposé historique, dogmatique, moral et liturgique de la religion, depuis l'origine du monde jusqu'à nos jours; par M. l'abbé J. Gaume. 8 vol. in-8.

LE MÊME OUVRAGE ABRÉGÉ. 1 vol. in-18.

CATÉCHISME DE SAINTE THÉRÈSE, contenant toute la doctrine nécessaire pour la vie spirituelle; par le P. de Sainte-Marie. 1 vol. in-12.

CATÉCHISME DOGMATIQUE ET LITURGIQUE, ou le Chrétien catholique instruit dans les sacrements, le sa-

3

crifice, les cérémonies et les observances de l'Eglise; par le T. R. Richard Challoner, évêque de Debra, vicaire apostolique de Londres ; traduit de l'anglais sur la 14ᵉ édition. 2 vol. in-12.

CATÉCHISME DU CONCILE DE TRENTE. 1 vol. in-12.

CATÉCHISME (Explication du), à l'usage de toutes les églises de l'empire Français, renfermant, suivant l'ordre du catéchisme, la leçon du catéchisme sans les demandes et les réponses, l'explication de chaque leçon, et des traits historiques après toutes les leçons. 1 vol. in-12.

CATÉCHISME HISTORIQUE, contenant un abrégé de l'Histoire sainte et la Doctrine chrétienne; par l'abbé Fleury. 1 vol. in-12.

CATÉCHISME (Nouvelle explication du), ou le dogme et la morale expliqués par quatre cents traits historiques tirés des auteurs les plus dignes de foi, et distribués selon l'ordre des leçons du catéchisme; par M. l'abbé Guillois, curé au Mans. 1 vol. in-12.

CATÉCHISME, ou Introduction au symbole de la foi, où il est traité de l'excellence de la religion chrétienne et de ses principaux mystères; composé en espagnol par le R. P. Louis de Grenade; traduit en français par M. Girard. 4 vol. in-8.

CATÉCHISME PHILOSOPHIQUE, ou Recueil d'observations propres à défendre la religion chrétienne contre ses ennemis; par l'abbé de Feller. 3 vol. in-12.

CATÉCHISME RAISONNÉ sur les fondements de la foi; par M. Aimé. 1 vol. in-18.

CATÉCHISME RAISONNÉ, HISTORIQUE ET DOGMATIQUE, à l'usage des colléges, institutions des deux sexes et paroisses; par M. l'abbé Thérou. 1 vol. in-18.

CAUSERIES LITTÉRAIRES ET MORALES sur quelques femmes célèbres; par M. Emile Deschamps. 1 vol. in-12.

CÉCILE la jeune organiste; par Mlle Benoit. 1 vol. in-18.

CÉCILIA, ou la Jeune infortunée, suivie du *Bouquet de Roses*; par Mad. Ménard. 1 vol. in-18.

CÉLIBAT ECCLÉSIASTIQUE (le) dans ses rapports religieux et politiques; par M. l'abbé Jager. In-8.

CHANCELIERS D'ANGLETERRE (Deux) : Bacon et saint Thomas de Cantorbéry; par M. Ozanam. 1 vol. in-12.

CHANSONS (Instructions sur les mauvaises); par M. l'abbé Hulot. 1 vol. in-18.

CHANSONS (Traités contre les danses et les mauvaises). 1 vol. in-12.

CHAPEAU (le), imité de l'allemand de M. l'abbé Nelk. 1 vol. in-32.

CHAPELLE DE LA FORÊT (la), précédée du *Serin*; par Schmid. In-18.

CHARBONNIER DE VALENCE (le), imité de l'allemand du chanoine Damien. 1 vol. in-32.

CHARITÉ (la) considérée dans son principe, dans ses applications, dans son influence sur les mœurs et sur l'économie sociale; par M. R. Renvoise. 1 vol. in-12.

CHARTREUSE (la); par Schmid. 1 vol. in-18.
Le même ouvrage. 1 vol. in-32.

CHAUMIÈRE DES ALPES (la), imité de l'allemand de J.-B. Klar. 1 vol. in-32.

CHAUMIÈRE IRLANDAISE (la); par Schmid. 2 vol. in-32.

CHEFS-D'OEUVRE ORATOIRES de Bossuet et de Fénelon. 2 vol. in-12.

CHEMIN DE LA CROIX (Instruction sur le), avec les pratiques de cette dévotion; dédiée à la sainte Vierge. 1 vol. in-18.

CHEMIN DE LA PERFECTION DE SAINTE THÉ-RÈSE (le), avec les Méditations après la communion, celles sur le *Pater*, et les Avis de la même sainte ; traduits par M. l'abbé Chanut. 1 vol. in-8.

CHEMIN DE LA SANCTIFICATION (le) ; ci-devant le *Vrai Conducteur des ames dans la voie du salut*. 1 vol. in-18.

CHEMIN DE LA VIE, ou Exposition raisonnée des dogmes et de la morale chrétienne ; par M. l'abbé Didon. 1 vol. in-18.

CHEMIN DES ÉCOLIERS (le) ; par M. Stéphen de la Madelaine. 1 vol. in-18.

CHIEN AVEUGLE (le) ; par Schmid. 1 vol. in-32.

CHIMIE (Entretiens sur la) et ses applications les plus curieuses ; par M. Ducoin-Girardin. 1 vol. in-8.

CHIMIE (Nouveaux Eléments de) ; par M. Meissas. 1 vol. in-12.

CHIMIE ORGANIQUE (Résumé de) et d'analyse ; par M. Meissas. 1 vol. in-12.

CHIMIE (Petite) ; par M. Meissas. 1 vol. in-18.

CHINE (de la), ou Description générale de cet empire ; par M. l'abbé Grosier. 7 vol. in-8.

CHOIX d'Histoires morales, de Lecture, de Lettres, de Poésies. (*Voyez* ces mots.)

CHRÉTIEN ASSURANT SON SALUT (le), ou Moyens de persévérance pour tous les jours du mois ; par un ancien vicaire-général du diocèse de Lyon. 1 vol. in-18.

CHRÉTIEN AU PIED DE LA CROIX (le), ou Choix de Méditations sur la Passion. 1 vol. in-32.

CHRÉTIEN CATHOLIQUE (le) inviolablement attaché à sa religion par la considération des miracles qui en établissent la certitude ; par le P. N.-J.-A. de Diessbach. 1 vol. in-12.

CHRISTIANISME (Beautés du), ou recueil de belles actions inspirées par cette religion ; par M. A. Caillot. 1 vol. in-12.

CHRISTIANISME DÉMONTRÉ (le) par les traditions catholiques, ou Étude des Pères de l'Église ; par M. l'abbé de la Chadenède. 2 vol. in-12.

CHRISTIANISME ET PHILOSOPHISME, ou Véritable source du bonheur et du malheur de la société ; par M. l'abbé Haydot. 1 vol. in-8.

CHRISTINE, ou la Religion dans le malheur ; par Madame de Sainte-Marie. 1 vol. in-18.

CHRISTOPHE COLOMB ; par Mademoiselle A. Celliez. 2 vol. in-18.

CHRONIQUES DE GRÉGOIRE DE TOURS, traduction nouvelle par M. J.-J.-E. Roy. 1 vol. in-12.

CHRONOLOGIE DES ROIS DE FRANCE, avec Portraits et Notices historiques ; par M. C. Durozoir. In-18.

CHRONOLOGISTE MANUEL ; dans lequel on trouve les principales époques de chaque peuple, etc. 1 vol. in-12.

CLÉMENTINE ; par J.-B. G. 2 vol. in-18.

CLOTILDE, ou l'*Élève des Sœurs* ; par M. l'abbé L.-S. J. 1 vol. in-18.

CODE CHRÉTIEN, ou Sentences, Maximes et Pensées tirées de la *Bible*, des *Pères de l'Église*, de l'*Imitation de Jésus-Christ*, de quelques auteurs ecclésiastiques, et de nos principaux orateurs sacrés ; par Madame Woillez. 1 vol. in-32.

CODE DE LA VIE SPIRITUELLE, par le vénérable Louis de Blois ; traduit par M. l'abbé Prompsault. 1 vol. in-18.

COIN DU FEU (le), Anecdotes morales et historiques pour former l'esprit et le cœur de la jeunesse ; par Schmid. 3 vol. in-32.

COLOMBE (la); par Schmid. 1 vol. in-32.

LE MÊME OUVRAGE, précédé du *Jeune Henri*. 1 vol. in-18.

COLONIE CHRÉTIENNE (la), Histoire de plusieurs déportés jetés par un naufrage dans une île déserte ; par M. Sabatier de Castres. 2 vol. in-12.

COLPORTEUR AU VILLAGE (le). 1 vol. in-18.

COMBAT SPIRITUEL (le), par le P. Scupoli ; traduit par le P. Brignon. 1 vol. in-18.

COMMENTAIRES ET ÉTUDES LITTÉRAIRES ; par M. Napoléon Landais. 1 vol. in-8.

COMMENTAIRES DE JULES-CÉSAR. (*Voy*. Mémoires.)

COMPAGNONS D'ENFANCE (les), Mémoires recueillis par M. Delacroix. 1 vol. in-18.

COMTE DE MONTALBAN (le), ou le Retour à la sagesse ; par M. Jauffret. 2 vol. in-12.

COMTE DE VARFEUIL (le), ou les Combats de la foi dans l'adversité ; par M. d'Exauvillez. 1 vol. in-8.

COMTE DE VALMONT (le), ou les Égarements de la raison, par l'abbé Gérard ; édition revue par une société d'ecclésiastiques. 6 vol. in-12.

COMTE DE VILMONT (le), Dialogues sur les premières vérités de la religion ; par l'abbé G. 1 vol. in-12.

CONDUITE DE SAINT IGNACE DE LOYOLA (la), menant une ame à la perfection par les exercices spirituels, avec quelques remarques qui en facilitent la connoissance, etc ; par le P. Antoine Vatier. 1 vol. in-12.

CONDUITE D'UNE DAME CHRÉTIENNE pour vivre saintement dans le monde. 1 vol. in-12.

LE MÊME OUVRAGE. 1 vol. in-32.

CONDUITE POUR LA CONFESSION ET LA COMMUNION. 1 vol. in-12.

CONDUITE POUR LA CONFESSION ET LA COMMU-NION ; par saint François de Sales. 1 vol. in-12.

LE MÊME OUVRAGE. 1 vol. in-18.

CONDUITE POUR PASSER SAINTEMENT le temps de l'Avent, où l'on trouve pour chaque jour une pratique, une méditation, des sentiments, des sentences de la sainte Écriture et des saints Pères, et un point de l'Incarnation ; par le P. Avrillon. 1 vol. in-12.

CONDUITE POUR PASSER SAINTEMENT le Carême, où l'on trouve pour chaque jour une pratique, une méditation et des sentiments sur l'évangile du jour, et des sentences de la sainte Écriture et des saints Pères, avec un point de la Passion de notre Seigneur Jésus-Christ ; par le P. Avrillon. 1 vol. in-12.

CONDUITE POUR PASSER SAINTEMENT les fêtes et octaves de la Pentecôte, du Saint-Sacrement et de l'Assomption ; par le P. Avrillon. 1 vol. in-12.

CONFÉRENCES DE Mgr WISEMAN sur l'Eglise et sur divers articles de la foi catholique, traduites et abrégées de l'anglais. 1 vol. in-12.

CONFÉRENCES et Discours inédits ; par M. Frayssinous. 2 vol. in-12.

CONFÉRENCES ET SERMONS de M. Ribier. 1 vol in-12.

CONFÉRENCES SUR LES CÉRÉMONIES DE LA SE-MAINE SAINTE à Rome ; par Mgr Wiseman ; traduites de l'anglais par M. l'abbé de Valette. 1 vol. in-12.

CONFESSIONS DE S. AUGUSTIN (les), traduites en français par M. du Bois. 3 vol. in-12.

LE MÊME OUVRAGE. 2 vol. in-12, et 1 vol. in-12.

CONFIRMATION (Instructions pour la) ; par M. l'abbé Regnault. 1 vol. in-18.

CONJURATION DE L'IMPIÉTÉ CONTRE L'HUMANITÉ. 1 vol. in-8.

CONNAISSANCE DE DIEU ET DE SOI-MÊME (de la);
par Bossuet. 1 vol in-12.

CONNAISSANCE DE JÉSUS-CHRIST (la), ou le Dogme
de l'incarnation envisagé comme la raison dernière et
suprême de tout ce qui est; par M. l'abbé Combalot.
1 vol. in-8.

CONNAISSANCE DES SS. ANGES (de la) et des devoirs
qu'il faut leur rendre. 1 vol. in-18.

CONQUÊTE DE GRENADE; par M. Lemercier. 1 vol.
in-12.

CONQUÊTE DU PÉROU et Histoire de Pisarre; par
M. Lebrun. 1 vol. in-12.

CONSEILS DE LA SAGESSE (les), ou Recueil des maximes de Salomon les plus nécessaires à l'homme pour
se conduire sagement. 1 vol. in-12.

CONSIDÉRATIONS AFFECTUEUSES sur quelques vérités de la Religion, traduites de l'italien de S. Liguori.
1 vol. in-18.

CONSIDÉRATIONS CHRÉTIENNES pour toute l'année,
avec les évangiles de tous les dimanches; par le P. Crasset. 4 vol. in-12.

CONSIDÉRATIONS GÉNÉRALES sur l'Europe et sur la
France en particulier, ou Réflexions sur les maux de la
société présente; par M. Rosset. 1 vol. in-8.

CONSIDÉRATIONS sur la Passion de N. S. J.-C.; par
Mgr de la Luzerne. 1 vol. in-12.

CONSIDÉRATIONS sur la propagation des mauvaises
doctrines. (*Voyez* Abus de la liberté de la presse.)
1 vol. in-12.

CONSOLATEUR DES AFFLIGÉS ET DES MALADES,
ou Recueil de méditations propres à élever l'ame au-
dessus des chagrins et des souffrances de cette vie; par
M. l'abbé Martin de Noirlieu. 1 vol. in-12.

CONSOLATION DU CHRÉTIEN (la), ou Motifs de confiance en Dieu dans les diverses circonstances de la vie; par M. l'abbé Roissard. 1 vol. in-12.

CONSOLATIONS DE LA FOI sur les malheurs de l'Eglise (les); par Mgr de Bovet. 1 vol. in-12.

CONSOLATIONS DE LA RELIGION (les) dans la perte des personnes qui nous sont chères; par M. Louis de Collegno. 1 vol. in-18.

CONTES A MA JEUNE FAMILLE; par Mad. Malès de Beaulieu. 1 vol. in-12.

CONTES DU BOCAGE, précédés d'un Tableau historique des premières guerres de la Vendée; par M. Edouard Ourliac. 1 vol. in-12.

CONTES POUR LES ENFANTS (Cent petits); par Schmid. 1 vol. in-18.

CONTES POUR LES ENFANTS (Nouveaux petits); par Schmid. 1 vol. in-18.

CONTES POUR LES ENFANTS (Sept nouveaux); par Schmid. 1 vol. in-18.

CONTEUR ALLEMAND (Le petit), traduit de l'allemand de Krummacher. 1 vol. in-18.

CONTROVERSE CHRÉTIENNE (Coup d'œil sur la) depuis les 1ers siècles jusqu'à nos jours; par M. l'abbé Gerbet. 1 vol. in-8.

CONVERSATION entre une mère et ses enfants sur les principaux points de la morale chrétienne; par Mad. de Manssion. 1 vol. in-18.

LE MÊME OUVRAGE, 3e édition. 2 vol. in-18.

CONVERSATIONS CHRÉTIENNES dans lesquelles on justifie la vérité de la Religion et de la morale de Jésus-Christ; par le P. Malebranche. 1 vol. in-12.

CONVERSATIONS SUR PLUSIEURS SUJETS de morale, propres à former les jeunes demoiselles à la piété;

4

ouvrage utile à toutes les personnes chargées de leur éducation ; par M. P. C., docteur de Sorbonne. 1 vol. in-12.

CONVERSION (Ma), ou le Protestantisme apprécié par son histoire et par sa doctrine ; par M. d'Exauvillez. 1 vol. in-18.

CONVERSION MOTIVÉE d'un israélite ; par de Lavernéa. In-8.

COQUELICOT (le), imité de l'allemand de F. W. 1 vol. in-32.

CORBEILLE DE FLEURS (la) ; par Schmid. 2 vol. in-32.

CORRESPONDANCE DE FÉNELON. 11 vol. in-8.

COSMOGRAPHIE (Eléments de) ; par M. Meissas. 1 vol. in-12.

COSMOGRAPHIE (Petite) ; par M. Meissas. 1 vol. in-18.

COUP D'OEIL SUR LA CONTROVERSE CHRÉTIENNE depuis les premiers siècles jusqu'à nos jours ; par M. l'abbé Gerbet. 1 vol. in-8.

COUP D'OEIL SUR L'ÉCRIT DES FRÈRES ALLIGNOL touchant l'état actuel du clergé de France. — Appendice à la *Défense de l'Eglise catholique contre l'hérésie constitutionnelle* ; par M. l'abbé Boyer. In-8.

COURS de Blason, de Géographie, d'Histoire ecclésiastique, d'Histoire sainte, d'Histoire et de Morale, de Leçons religieuses, morales et historiques, de Morale. (*Voyez* tous ces mots.)

COUTUMES ET MOEURS DES PEUPLES DE L'AFRIQUE OCCIDENTALE, suivies de l'Histoire naturelle de ces contrées. 1 vol. in-12.

COUVENT DE SAINT-LAZARE A VENISE (le), ou Histoire succincte de l'ordre des Méchitaristes arméniens, suivi de renseignements sur la langue, la littérature,

l'histoire religieuse et la géographie de l'Arménie; par
M. Eugène Boré. 1 vol. in-12.

CROIX AU BORD DU CHEMIN (la); par Mad. Ménard.
1 vol. in-18.

CROIX DE BOIS (la); par Schmid. 1 vol. in-18.

LE MÊME OUVRAGE. 1 vol. in-32.

CROIX DE LA FORÊT (la), imité de l'allemand de L.
Lang. 1 vol. in-32.

CULTE DE L'AMOUR DIVIN dans la dévotion au sacré
Cœur de Jésus (le); par Mgr de Fumel. 2 vol. in-12.

CULTE DE LA Ste. VIERGE dans toute la catholicité (le),
principalement en France et dans le diocèse de Paris,
depuis l'établissement du christianisme jusqu'à nos jours;
par M. A. Egron. 1 vol. in-8.

CURÉ DE CAMPAGNE (le); par M. Stéphen de la Madelaine. 1 vol. in-12.

CURÉ (le Bon), ou Réponses aux objections populaires
contre la Religion; par M. d'Exauvillez. 1 vol. in-18.
(*Voyez* Paysan.)

D

DAME NOIRE (la); par Schmid. 1 vol. in-32.

DANSE (Instruction sur la); par M. l'abbé Hulot. 1 vol.
in-18.

DANSES (Traités contre les) et les mauvaises chansons,
dans lesquels le danger et le mal qu'elles renferment
sont démontrés par les témoignages multipliés des
saintes Écritures, des saints Pères, des conciles, etc.,
de plusieurs ministres protestants, et enfin des païens
même. 1 vol. in-12.

DANTE ET LA PHILOSOPHIE CATHOLIQUE au xiii[e]
siècle; par M. A.-F. Ozanam. 1 vol. in-8.

DÉFENSE DE LA MORALE CATHOLIQUE contre M. Sismondi dans son *Histoire des républiques italiennes*; par Manzoni. 1 vol. in-12.

DÉFENSE DE L'ÉGLISE CATHOLIQUE contre l'hérésie constitutionnelle qui soumet la religion au magistrat, renouvelée dans ces derniers temps; par M. l'abbé Boyer. 1 vol. in-8.

DÉFENSE DE L'ORDRE SOCIAL contre le carbonarisme moderne, avec un jugement sur M. de La Mennais considéré comme écrivain, et une dissertation sur le romantisme; par M. l'abbé Boyer. 1 vol. in-8.

DÉFENSE DE L'ORDRE SOCIAL contre les principes de la révolution française; par J.-B. Duvoisin. 1 vol. in-8.

DÉISME RÉFUTÉ PAR LUI-MÊME (le), ou Examen des principes d'incrédulité répandus dans divers ouvrages de Rousseau, en forme de lettres; par M. l'abbé Bergier. 1 vol. in-12.

DÉLICES DE LA RELIGION (les), ou le Pouvoir de l'Evangile pour nous rendre heureux. 1 vol. in-12.

DÉLICES DES AMES PIEUSES, ou Recueil de prières sur différents sujets, et particulièrement sur les sacrements de Pénitence et d'Eucharistie. 2 vol. in-18.

DELPHINE, ou la Langue sans frein; par Melle Brun. 1 vol. in-18.

DÉMONSTRATION de l'existence et des attributs de Dieu, et lettres sur la religion; par Fénelon. 1 vol. in-12.

DÉMONSTRATION EUCHARISTIQUE, où l'on fait sentir enfin à tous les hommes la magnificence et l'infaillibilité de l'Eglise Romaine par le seul éclat du plus profond de ses mystères; par M. A. Madrolle. In-8.

DÉODAT, ou l'Ascendant de la religion; par M. L. 1 vol. in-18.

DERNIERS JOURS DE POMPEI (les), imité de Bulwer par Adrien Lemercier. 1 vol. in-12.

DESTRUCTION DE JÉRUSALEM (la) et la dispersion des Juifs preuve de la divinité du christianisme ; par M. l'abbé H. 1 vol. in-12.

DEUX AMIS (les), ou la Conversion. 3 vol. in-18.

DEUX APPRENTISSAGES (les) ; par M. Fortunat. 1 vol. in-18.

DEUX ATELIERS (les) ; par Mlle Brun. 1 vol. in-18.

DEUX CHANCELIERS D'ANGLETERRE : Bacon et saint Thomas de Cantorbéry ; par M. A.-F. Ozanam. 1 vol. in-12.

DEUX FRÈRES (les) ; par Schmid. 1 vol. in-32.

LE MÊME OUVRAGE, précédé du *Rossignol*. 1 vol. in-18.

DEUX ORPHELINS (les) ; par Mad. de Sainte-Marie. 1 vol. in-18.

DEVOIRS DES HOMMES (Des), Discours à un jeune homme ; par Silvio Pellico. 1 vol. in-18.

LE MÊME OUVRAGE, avec de nouvelles notes. 1 vol. in-18.

DÉVOTION A NOTRE SEIGNEUR JÉSUS-CHRIST dans l'Eucharistie ; par le P. Vaubert. 2 vol. in-12.

DÉVOTION AU COEUR ADORABLE DE JÉSUS-CHRIST (de l'Excellence de la) ; par le P. de Galliffet. 2 vol. in-12.

DÉVOTION AU TRÈS-SAINT ET IMMACULÉ COEUR DE MARIE (de la), ou nouveau Manuel à l'usage des confréries du très-saint et immaculé Cœur de Marie pour la conversion des pécheurs ; avec un Appendice sur la dévotion au sacré Cœur de Jésus ; par un prêtre du diocèse de Limoges. 1 vol. in-18.

DÉVOTION PRATIQUE aux sept principaux mystères douloureux de la très-sainte Vierge mère de Dieu, augmentée de l'ouvrage du P. Théodore de Almeyda. 1 vol. in-18.

DÉVOTION RÉCONCILIÉE AVEC L'ESPRIT (la); par Lefranc de Pompignan, archevêque de Vienne; nouvelle édition, augmentée de deux chapitres et d'un volume d'exemples. 2 vol. in-18.

DIALOGUES DE S. GRÉGOIRE LE GRAND. 1 vol. in-12.

DIALOGUES DES VIVANTS au XIXe siècle; par l'auteur des *Trois Paulines*. 1 vol. in-18.

DIALOGUES DU TASSE, traduits par J. V. Perriès. 1 vol. in-32.

DIALOGUES SUR LE PROTESTANTISME; par M. B. d'Exauvillez. In-8.

DIMANCHES (Instructions sur les) et les fêtes en général, et sur toutes les fêtes qui se célèbrent dans le cours de l'année; par M. Collot. 1 vol. in-12.

DIMANCHES DU VIEUX DANIEL (les); par Mlle Ulliac Trémadeure. 2 vol. in-18. (*Voyez* Souvenirs du grand-papa.)

DIMANCHES ET FÊTES (Traité de la sanctification des); par M. l'abbé J. Marguet. 1 vol. in-18.

DIRECTEUR DANS LES VOIES DU SALUT (le); par le P. Pinamonti. 1 vol. in-12.

DIRECTEUR SPIRITUEL (le) pour ceux qui n'en ont point. 1 vol. in-12.

DISCOURS DE MORALE à l'usage des missions et des retraites spirituelles; par M. l'abbé Perret de Fontenailles. 1 vol. in-12.

DISCOURS DE PIÉTÉ CHOISIS; par M. l'abbé Lacoste. 1 vol. in-12.

DISCOURS DOGMATIQUES ET MORAUX mis à la portée de tout le monde; par M. Comte, curé de Sainte-Croix. 2 vol. in-8.

DISCOURS EN FORME DE LETTRE de notre Seigneur Jésus-Christ à l'ame dévote, ou Entretiens sacrés dans lesquels l'ame dévote apprend à se bien connaître, et à se rendre capable d'une parfaite et solide dévotion ; traduit du latin de Lanspergius. 1 vol. in-18.

DISCOURS SUR LES PRODIGES que Dieu a daigné opérer dans ces derniers temps pour rendre la paix à l'Eglise, la tranquillité au monde, le repos à l'Europe ; par M. l'abbé Chevalier. 1 vol. in-12. (1821.)

DISCOURS SUR LES RAPPORTS entre la science et la religion révélée ; par Mgr Wiseman. 2 vol. in-8.

DISCOURS SUR L'HISTOIRE ECCLÉSIASTIQUE ; par M. l'abbé Fleury. 1 vol. in-12.

DISCOURS SUR L'HISTOIRE UNIVERSELLE ; par Bossuet. 1 vol. in-8.

LE MÊME OUVRAGE. 2 vol. in-12.

DISCOURS DU CHANCELIER D'AGUESSEAU. 1 vol. in-12.

DISSERTATION sur les Eglises catholique et protestantes ; par Mgr de la Luzerne. 2 vol. in-12.

DISSERTATION sur les psaumes, traduite du latin de Bossuet, et accompagnée de notes par Mgr Guillon. 1 vol. in-8.

DISSERTATION sur l'excellence de la religion ; par Mgr de la Luzerne. 1 vol. in-12.

DISSERTATION sur l'existence et les attributs de Dieu ; par Mgr de la Luzerne. 1 vol. in-12.

DISSERTATIONS sur la loi naturelle et sur la révélation en général, par Mgr de la Luzerne. 1 vol. in-12.

DISSERTATIONS sur la vérité de la religion ; par Mgr de la Luzerne. 2 vol. in-12.

DIVINE DOCTRINE de Jésus-Christ (la), ou Méditations sur le Sermon de la montagne ; par M. le duc du

Maine; ouvrage publié par M. L.-F. Guérin. 1 vol. in-18.

DIVINITÉ DE LA CONFESSION (la) attaquée par un vieil officier et défendue par un jeune avocat; nouvelle édition, revue et augmentée par l'auteur. 1 vol. in-18, (*Voyez* Plaidoyer religieux.)

DIVINITÉ DU CATHOLICISME démontrée à un docteur d'Oxford, d'après la *Bible* et les Pères des premiers siècles; par M. l'abbé Robert. 1 vol. in-8.

DIX JOURS SUR LES BORDS DE L'OCÉAN. 2 vol. in-18.

DOCTRINE CHRÉTIENNE en forme de lectures de piété, où l'on expose les preuves de la religion, les dogmes de la foi, les règles de la morale, ce qui concerne les sacrements et la prière; par Lhomond. 1 vol. in-12.

DOCTRINE SPIRITUELLE du P. Berthier, du P. Surin, du P. Saint-Jure, de M. d'Orléans de Lamothe et de sainte Thérèse. 1 vol. in-18.

DOMESTIQUE (le Parfait), ou les Aventures de Jasmin; par M. d'Exauvillez. 1 vol. in-18.

DON QUICHOTTE de la Manche (Histoire de l'incomparable), traduite de l'espagnol de Michel Cervantes; par M. de Grandmaison-y-Bruno. 4 vol. in-18.

DOUTES (Mes), ou Séries de questions proposées aux personnes qui ont le sens commun, suivies de diverses recettes propres à rendre la vue aux aveugles et l'ouïe aux sourds; par l'auteur d'un *Cours d'histoire*. 1 vol. in-32. (*Voyez* Problèmes.)

DRAMES; par madame de Sainte-Marie. 1 vol. in-18.

DRAMES ET CONVERSATIONS; par la même. 1 vol. in-18.

DRAMES MORAUX propres à être représentés dans les maisons d'éducation des deux sexes. 1 vol. in-12.

DUCS DE BOURGOGNE (les); par M. F. Valentin. 1 vol. in-8.

DUVAL, Histoire véritable racontée par un curé de village à ses élèves, suivie d'un *Épisode de la vie du roi Stanislas*. 1 vol. in-18.

E

ÉCOLE DE LA PAUVRETÉ (l'); imité de l'allemand de L. S. 1 vol. in-32.

ÉCOLE DE LA PIÉTÉ (l'), ou la Religion, la nature et l'exemple enseignant à l'homme ses devoirs envers les auteurs de ses jours; par Vallos. 1 vol. in-12.

ÉCOLE DES JEUNES DEMOISELLES (l'), ou Lettres d'une mère vertueuse à sa fille, avec les réponses de la fille à sa mère, recueillies et publiées par M. l'abbé Reyre. 2 vol. in-12.

ÉCOLE DES MOEURS (l'), ou Réflexions morales et historiques; par M. l'abbé Blanchard. 3 vol. in-12. (R.)

LE MÊME OUVRAGE, édition revue et corrigée avec soin. 2 vol. in-12.

ÉCOLE DU HAMEAU (l'), ou l'Élève du bon pasteur; par Madame C. Farrenc. 1 vol. in-18.

ÉCOLIER CHRÉTIEN (l'), ou Traité des devoirs d'un jeune homme qui veut sanctifier ses études; par Collet. 1 vol. in-18.

ÉCOLIER VERTUEUX (l'), ou Vie édifiante d'un écolier de l'Université de Paris; par M. l'abbé Proyart. 1 vol. in-18.

ÉCOLIER VERTUEUX (Le nouvel) ou Vie d'un jeune écolier proposé pour modèle à tous les jeunes gens de son âge; par M. H. Lemaire. 1 vol. in-18.

ÉCOLIERS VERTUEUX (les), ou Vies édifiantes de plusieurs jeunes gens; par M. l'abbé Carron. 2 vol. in-12.

5

ÉCRIN (l'), imité de l'allemand de M. l'abbé Nelk. 1 vol. in-32.

ÉDOUARD ou l'Enfant gâté; par M. l'abbé Guérinet. 1 vol. in-18.

ÉDOUARD, ou le respect humain vaincu; par M. d'Exauvillez. 1 vol. in-18.

ÉDUCATION DE L'ENFANCE, ou Guide des mères et des institutrices; traduit de l'anglais et augmenté par Mademoiselle E. F. 1 vol. in-12.

ÉDUCATION DES FILLES (De l'), par Fénelon. 1 vol. in-18.

ÉDUCATION MATERNELLE (l'). — Entretiens sur la religion et la morale, accompagnés d'une action et de récits qui en rendent la lecture facile. 2 vol. in-12.

EDWARD BLACKFORD, ou la Malédiction d'une folle; épisode de l'histoire d'Angleterre du xviie siècle. 1 vol. in-18.

ÉGLISE CATHOLIQUE, apostolique et romaine (De l'); bonheur de la connaître et de lui appartenir; par M. L. B. 1 vol. in-18.

ÉLÉMENTS de Chimie, de Cosmographie, (*Voyez* ces mots). Des preuves de la religion. (*Voyez* Preuves).

ÉLIÉZER ET NEPHTALI, poème; par Florian. In-12. (R).

ÉLISE, ou les Suites d'un mariage d'inclination; par M. B. d'Exauvillez. 1 vol. in-18. (R.)

ÉLISABETH, ou la Charité du pauvre; par M. d'Exauvillez. 1 vol. in-18.

ÉLOGE DE BOSSUET. In-8.

ÉLOGE HISTORIQUE de Madame Marie-Clotilde-Adelaïde-Xavier de France, reine de Sardaigne, avec des notes et des pièces inédites. In-8.

ÉLOGE HISTORIQUE, ou Vie abrégée de sainte Frémiot

de Chantal. 1 vol. in-12. (*Voyez* Vie de sainte de Chantal.)

ÉLOI L'ORGANISTE; par Madame Dié de Saint-Joseph. 1 vol. in-18.

ÉMIGRANTS AU BRÉSIL (les), imité de Madame Amélie Schoppe. 1 vol. in-18.

EMILIE, ou la Petite élève de Fénelon; par M. Champagnac. 1 vol. in-12.

EMMA, ou le Modèle des jeunes personnes; par M. l'abbé Guérinet. 1 vol. in-18.

EMPIRE DU BON EXEMPLE (l'); par Mademoiselle Brun. 1 vol. in-18.

ENFANT DE CHOEUR (l'), suivi de quatre Nouvelles religieuses; par Mademoiselle C. M. 1 vol. in-18.

ENFANT DE MARIE (l'), ou une Conversion. — Un frère de plus. In-18. (C'est l'histoire de la conversion M. Alphonse Ratisbonne, par M. le baron de Bussière).

ENFANT PERDU (l'); par Schmid. 1 vol. in-32.

ENFANT PRODIGUE (l'), imité de l'allemand. 1 vol. in-32.

ENFANT RELIGIEUX (l'), suivi de l'*Histoire de l'Église racontée aux enfants*; par M. A. de Fontaine de Resbecq. 1 vol. in-12.

ENFANTS VERTUEUX (les); par Friedel. 1 vol. in-18.

ENSEIGNEMENT DE LA RELIGION (Abrégé de l'); par M. l'abbé Mérault. 1 vol. in-12.

ENTRETIENS D'ANGÉLIQUE, pour exciter les jeunes personnes à l'amour et à la pratique de la vertu. 1 vol. in-12.

ENTRETIENS DE MAITRE PIERRE (les), ou Discussions familières sur la religion. 2 vol. in-18.

ENTRETIENS D'UN PASTEUR avec ses enfants sur le

symbole des apôtres, ou Exposition raisonnée des principaux points de la foi chrétienne; par M. l'abbé Girault. 3 vol. in-12.

ENTRETIENS FAMILIERS d'un ministre protestant converti avec un de ses anciens coreligionnaires; par M. l'abbé Esslinger, ex-ministre protestant. 1 vol. in-8.

ENTRETIENS FAMILIERS sur l'histoire naturelle; par Melle Ulliac Trémadeure.—Les *Végétaux*. 1 vol. in-18. — Les *Animaux-plantes*. 1 vol. in-18.

ENTRETIENS PHILOSOPHIQUES sur la réunion des différentes communions chrétiennes, par le baron de Starck ; traduits de l'allemand sur la cinquième édition; enrichis de suppléments par M. l'abbé de Kintzinger. 1 vol. in-8.

ENTRETIENS RELIGIEUX ET PHILOSOPHIQUES (Nouveaux); par M. Loisson de Guinaumont, ancien député. 1 vol. in-12.

ENTRETIENS SPIRITUELS sur les principaux devoirs des personnes consacrées à Dieu, et autres qui tendent à la perfection; par M. l'abbé Courbon. 1 vol. in-12.

ENTRETIENS SUR LA CHIMIE et sur ses applications les plus curieuses; par M. Ducoin-Girardin. 1 vol. in-8.

ENTRETIENS SUR LA PHYSIQUE et sur ses applications les plus curieuses; par M. Ducoin-Girardin. 1 vol. in-8.

ENTRETIEN SUR LE DEVOIR PASCAL. In-12.

ÉPIPHANIE (l'); par le P. Ventura. 1 vol. in-18.

ÉPISODES DES GUERRES DE LA VENDÉE, précédés d'un Tableau historique de cette contrée depuis la révolution de juillet; par M. Crétineau-Joly; 1 vol. in 8.

ÉPITRES DE S. PAUL (Explication des), par une analyse, une paraphrase, un commentaire et des notes; par le R. P. Bernardin de Picquigny. 2 vol. in-12.

ÉPITRES DE S. PAUL (les). — Les Épîtres canoniques et l'Apocalypse. 1 vol. in-12. (Français.)

ÉPITRES ET ÉVANGILES, avec les oraisons propres qui se lisent à la messe aux dimanches et fêtes, etc. 1 vol. in-12.

ÉPITRES ET ÉVANGILES des dimanches, des fêtes et des féries majeures de toute l'année, avec de courtes réflexions. 1 vol. in-12. (*Voyez* Evangiles.)

ÉRASTE, ou l'Ami de la jeunesse, entretiens familiers sur les connaissances humaines, et particulièrement sur la logique, la morale, la doctrine de l'Église, l'histoire de la religion, la mythologie, la physique, l'astronomie, l'histoire naturelle, la botanique, la minéralogie, la géographie et l'histoire de France ; par M. l'abbé Filassier ; nouvelle édition, revue et continuée pour la géographie et l'histoire par M. de Clugny. 2 vol. in-8.

Le même ouvrage. 2 vol. in-12.

ERMITE DU CHIMBORAÇO (l'), ou les jeunes voyageurs Colombiens, voyage dans les deux Amériques ; par M. de Mirval. 1 vol. in-12.

ERMITE (le petit) ; par Schmid. 1 vol. in-32.

ERMITE MYSTÉRIEUX (l') ou la Grotte de Beatus ; par M. Adrien Lemercier. 1 vol. in-18.

ERNEST ET LOUIS, ou Douceur et colère ; par M. de Fontaine de Resbecq. 1 vol. in-18.

ERNESTINE, ou les Charmes de la vertu, suivie de *Nelly ou la jeune artiste*, et de *Caroline et Juliette* ; par Madame C. Farrenc. 1 vol. in-12.

ESPÉRANCES TROMPÉES ; par Madame de Sainte-Marie. 1 vol. in-18.

ESPRIT CATHOLIQUE DE LUTHER, ou Discussions familières de deux amis protestants sur la religion catholique ; traduit de l'allemand et augmenté d'une introduction, par M. l'abbé Noé. 1 vol. in-12.

ESPRIT CONSOLATEUR (l'), ou Réflexions sur quelques paroles de l'Esprit saint très-propres à consoler les affligés. 1 vol. in-12.

ESPRIT DE DAVID (l'), ou Traduction des cent-cinquante psaumes, avec des réflexions morales ; par M. Le Noble. 1 vol. in-8.

ESPRIT DE L'APOCALYPSE (l'), par feu Mgr François de Bovet, ancien archevêque de Toulouse ; précédé d'un jugement sur les ouvrages de l'auteur par M. le doyen de la faculté de théologie de Paris (Mgr Guillon), et d'une Notice biographique par M. le marquis du Bouchet. 1 vol. in-8.

ESPRIT DE MONTAIGNE (l'), avec une préface et des notes par M. Laurentie. 1 vol. in-18.

ESPRIT DE SAINTE THÉRÈSE (l') recueilli de ses œuvres et de ses lettres, avec ses opuscules ; par M. Emery. 2 vol. in-12.

ESPRIT DE S. FRANÇOIS DE SALES (l') ; par Mgr Camus. 1 vol. in-8.

LE MÊME OUVRAGE, enrichi d'une notice sur la vie et les ouvrages de Mgr Camus par M. l'abbé Dépery. 3 vol. in-8.

ESPRIT DE S. FRANÇOIS DE SALES (l'), Extrait du recueil publié sous le même titre par Jean-Pierre Camus, évêque de Belley ; nouvelle édition, revue, corrigée et disposée dans un ordre plus méthodique par un supérieur de séminaire. 1 vol. in-12.

ESPRIT DE S. VINCENT DE PAUL (l'), ou Modèle de conduite proposé à tous les fidèles dans ses vertus, ses actions et ses paroles ; par Ansart. 2 vol. in-12.

ESPRIT DE VIE (De l') et de l'esprit de mort : par

MM. le comte Henri de Mérode et le marquis de Beaufort. 1 vol. in-8.

ESPRIT DU CHRISTIANISME (l'), précédé d'un précis de ses preuves, et suivi d'un plan de conduite; par l'abbé Gérard. 1 vol. in-18.

ESPRIT DU CHRISTIANISME (l'), ou la Conformité du chrétien avec Jésus-Christ; par le P. Nepveu. 1 vol. in-12.

ESQUISSES ENTOMOLOGIQUES, ou Histoire naturelle des insectes les plus remarquables; par M. l'abbé Bourassé. 1 vol. in-12.

ESSAI DE CONFÉRENCES pour prémunir les jeunes gens contre les propos des impies et les scandales des libertins; par M. Meslé, curé de Saint-Pierre à Rennes. 1 vol. in-8.

ESSAI HISTORIQUE sur l'influence de la religion en France pendant le xviie siècle. 2 vol. in-8.

ESSAI SUR LA MONARCHIE FRANÇAISE, ou Précis de l'histoire de France considérée sous le rapport des arts et des sciences; des mœurs, usages et institutions des différents peuples qui l'ont habitée, depuis l'origine des Gaulois jusqu'au règne de Louis XV; suivi d'une Notice sur les grands capitaines qui se sont distingués depuis Henri-le-Grand; par F. Rouillon-Petit. 1 vol. in-12.

ESSAI SUR LA VIOLATION DES LOIS DE L'ABSTINENCE ET DU JEUNE, augmenté d'un petit précis sur l'aumône; par M. l'abbé J. Marguet. 1 vol. in-18.

ESSAI SUR LE BLASPHÈME; par M. l'abbé J. Marguet. 1 vol. in-18.

ESSAI SUR L'EXISTENCE DE DIEU. (*Voyez* Existence de Dieu.)

ESSAI SUR L'INDIFFÉRENCE en matière de religion ; par M. l'abbé de La Mennais. Tome 1er. In-8.

ÉTÉ (l'); par Mademoiselle Brun. 2 vol. in-18.

ÉTIENNE, ou le Prix de vertu ; suivi du *Bienfait récompensé;* par M. P. Marcel. 1 vol. in-18.

ÉTRENNES RELIGIEUSES ET MONARCHIQUES, contenant pour chaque jour de l'année la vie d'un saint, une anecdote historique et des sentences religieuses et morales en vers et en prose; par M. C.-J. Rougemaître. 1 vol. in-18.

ÉTUDES ET PLAISIRS, petites histoires ; par Mademoiselle Dubois de Thainville. 1 vol. in-12.

ÉTUDES HISTORIQUES ET RELIGIEUSES sur le xvie siècle, ou Tableau de l'Église d'Apt sous la cour papale d'Avignon ; par M. l'abbé Rose. 1 vol. in-8.

EUCHARISTIE (l') prouvée et expliquée contre les protestants, par saint Cyrille, saint Ambroise, saint Grégoire de Nysse et saint Gaudence de Bresse. 1 vol. in-18.

EUDOLIE, ou la Jeune malade ; par Madame ***. 2 vol. in-18.

EUGÉNIE, Vie et lettres d'une orpheline morte à l'âge de vingt-trois ans. 2 vol. in-18.

EUSTACHE, épisode des premiers temps du christianisme; par Schmid. 1 vol. in-18.

EUSTACHE, imité de l'allemand de F. W. 1 vol. in-32.

EUSTACHE, histoire imitée de l'allemand; par M. l'abbé H. 1 vol. in-12.

ÉVANGILE DE LA JEUNESSE, ou Lectures dominicales de Pierre Forest, instituteur, recueillies et mises en ordre par M. l'abbé Pinard, curé du diocèse de Tours. 1 vol. in-12.

ÉVANGILES DES DIMANCHES DE L'ANNÉE (les), traduits de la Vulgate, avec des réflexions pratiques, à l'usage des enfants des catéchismes. In-18.

ÉVANGILES des dimanches et de quelques-unes des principales fêtes de l'année (Explication des); par Mgr de la Luzerne, ancien évêque de Langres. 4 vol. in-12. (*Voyez* Épîtres.)

EXAMEN DE LA DOCTRINE DE M. DE LA MENNAIS, considérée sous le triple rapport de la philosophie, de la théologie et de la politique, avec une Dissertation sur Descartes considéré comme géomètre, comme physicien et comme philosophe; par M. l'abbé Boyer. 1 vol. in-8.

EXAMEN DE LA PROFESSION DE FOI DU VICAIRE SAVOYARD; par feu M. l'abbé Marceille. 1 vol. in-8.

EXAMEN DU MAGNÉTISME ANIMAL; par M. l'abbé Frère. In-8°.

EXCELLENCE DE LA MORALE CATHOLIQUE démontrée par Manzoni. 1 vol. in-18.

EXEMPLES MORAUX, ou Suites d'une bonne et d'une mauvaise éducation; par M. l'abbé Mitraud. 1 vol. in-12.

EXERCICE DE PIÉTÉ en l'honneur de saint Joseph. 1 vol. in-32.

EXERCICE DE PIÉTÉ pour la communion; par le P. Griffet. 1 vol. in-12.

EXERCICES DE DÉVOTION en l'honneur de la Passion de N. S. J.-C. et de la Compassion de la sainte Vierge, pour les vendredis de Carême. 1 vol. in-12.

EXERCICES DE L'AME pour se disposer aux sacrements de pénitence et d'eucharistie; par M. l'abbé Clément. 1 vol. in-12.

EXERCICES DE LA VIE INTÉRIEURE, ou l'Esprit intérieur dont on doit animer ses actions durant le jour,

6

avec une instruction facile pour l'oraison et la pratique des vertus et des devoirs de son état; par le P. Gonnelieu. 1 vol. in-12.

EXERCICES DE PIÉTÉ pour tous les jours de l'année; par le P. Croiset. 18 vol. in-12.

EXERCICES POUR SE PRÉPARER A LA MORT, avec une méthode pour visiter les malades et assister les mourants. 1 vol. in-18.

EXERCICES SPIRITUELS DE S. IGNACE, traduits en français par M. l'abbé Clément. 1 vol. in-12.

EXERCICES SUR L'HISTOIRE SAINTE donnés dans une pension de jeunes demoiselles, extraits des écrits de Bossuet, de Fénelon et de Pascal. 1 vol. in-12.

EXISTENCE DE DIEU (Démonstration de l') et de ses attributs, et Lettres sur la religion; par Fénelon. 1 vol. in-12.

EXISTENCE DE DIEU (Dissertation sur l') et ses attributs; par Mgr de la Luzerne. 1 vol. in-12.

EXISTENCE DE DIEU (Essai sur l') et sur l'existence de l'ame, conçu d'après un nouveau plan et destiné aux gens du monde, avec des notes et un recueil de pensées philosophiques; par M. l'abbé Constantin de Piétri. 1 vol. in-12.

EXPLICATION ABRÉGÉE des prières et cérémonies de la messe; par le P. Le Brun. 1 vol. in-12.

EXPLICATION DE L'ORAISON DOMINICALE, composée des pensées et des paroles mêmes de saint Augustin. 1 vol. in-12.

EXPLICATION DE L'OUVRAGE DES SIX JOURS, nouvelle édition, augmentée du nouveau sens du psaume 103; par MM. les abbés Duguet et d'Asfeld. 1 vol. in-12.

EXPLICATION des Épîtres, des Évangiles, des Prières de la messe, du Catéchisme. (*Voyez* ces mots.)

EXPLICATION DES PRINCIPALES VÉRITÉS DE LA RELIGION, pour en faciliter l'intelligence aux jeunes gens. 1 vol. in-8.

EXPLICATION DU MYSTÈRE DE LA PASSION de N. S. J.-C., suivant la concorde. 2 vol. in-12.

EXPOSÉ ANALYTIQUE des méthodes de l'abbé Gaultier; par M. L.-P. de Jussieu. 1 vol. in-8.

EXPOSITION DE LA DOCTRINE DE L'ÉGLISE CATHO-LIQUE sur les matières controversées avec les protes-tants; par Bossuet. 1 vol. in-18.

EXPOSITION DES PREUVES LES PLUS SENSIBLES DE LA RELIGION (Analyse et extrait d'). 1 vol. in-12.

EXPOSITION RAISONNÉE des dogmes et de la morale du christianisme dans les entretiens d'un professeur de théologie avec un docteur en droit; par M. l'abbé Bar-ran. 3 vol. in-8.

EXTRAIT de quelques écrits de l'auteur des *Mémoires pour servir à l'histoire de la révolution française*; par M. l'abbé d'Auribeau. 2 vol. in-8.

F

FABIANA, ou l'Héroïne d'Alger, imité de l'allemand de F. W. 1 vol. in-32.

FABLES DE FLORIAN. 1 vol. in-18.

FABLES D'ÉSOPE. 1 vol. in-12.

FABLES NOUVELLES; par M. Joseph Hue. 1 vol. in-18.

FABLIAUX (Recueil de), précédé d'une introduction par M. A. 1 vol. in-18.

FABLIER FRANÇAIS (le), ou Choix des fabulistes français qui ont précédé et suivi Lafontaine, avec une introduction par M. H. Fauche. 1 vol. in-18.

FAMILLE AFRICAINE (la), ou l'Esclave convertie. 1 vol. in-18.

FAMILLE CHRÉTIENNE (la), suivie de nouvelles historiettes; par Schmid. 1 vol. in-18.

FAMILLE DE KENDAL (la); par Madame de Sainte-Marie. 1 vol. in-18.

FAMILLE D'ORMONT (la), ou le Monde étudié de près. 1 vol. in-18.

FAMILLE SISMOND (la), ou la Piété filiale éprouvée et récompensée; par L. F. 1 vol. in-18.

FAUCON (le), imité de l'allemand du chanoine Damien. 1 vol. in-32.

FÉLIX, ou la Vengeance du chrétien. 1 vol. in-18.

FÉNELON (Correspondance de). 11 vol. in-8.

FÉNELON DE LA JEUNESSE (le), ou Mentor chrétien. 1 vol. in-18.

FERDINAND. — Histoire d'un jeune comte espagnol, librement traduite du chanoine Schmid par M. l'abbé Hunkler. 1 vol. in-18.

FERDINANDA, imité de l'allemand de F. W. 1 vol. in-32.

FERNANDO, histoire d'un jeune Espagnol; par Schmid. 1 vol. in-18.

FERRÉOL, ou les Passions vaincues par la religion; par M. Théophile Menard. 1 vol. in-12.

FÊTE DE SAINT NICOLAS (la); par L. F. 1 vol. in-18.

FEUILLES DE PALMIER (les), contes orientaux, traduits de l'allemand de Herder par M. Trenenthal. 1 vol. in-12.

FIANCÉS (les), histoire milanaise du xviie siècle; par Manzoni. 2 vol. in-12.

FIDÉLITÉ RÉCOMPENSÉE (la), imité de l'allemand de l'abbé Nelk. 1 vol. in-32.

FILLE DU CROISÉ (la), épisode historique. 1 vol. in-18.

FILLE INCONNUE (la), imité de l'allemand de F. W. 1 vol. in-32.

FILS ADOPTIF (le), imité de l'allemand de Hagelsperger. 1 vol. in-32.

FILS DE LA VEUVE (les); par Mademoiselle Eulalie Benoit. 1 vol. in-18.

FINS DERNIÈRES DE L'HOMME (des); par le P. Pallu. 1 vol. in-12.

FIRMIN, ou le Jeune voyageur en Egypte; par M. de Marlès. 1 vol. in-12.

FLEURS A MARIE; par M. l'abbé Enjelvin. 1 vol. in-12.

FLEURS DE LA POÉSIE FRANÇAISE, depuis le commencement du xve siècle jusqu'à nos jours, avec une notice sur chaque poète; par M. l'abbé Rabion. 1 vol. in-8.

FLEURS DE L'ÉLOQUENCE, ou recueil en prose des plus beaux morceaux de la littérature française depuis Joinville jusqu'à nos jours, avec une courte notice sur chaque auteur; par M. l'abbé Renaud. 1 vol. in-8.

FLEURS DES FÊTES DE LA TRÈS-SAINTE VIERGE, ou le mois de mai sanctifié; par M. L.-F. Guérin. 1 vol. in-18.

FLORESTINE, ou Religion dans l'infortune; par M. L. 1 vol. in-18.

FOI RAFFERMIE (la) et la piété ranimée dans le mystère de l'Eucharistie; par un ancien magistrat. 1 vol. in-18.

FONDEMENTS DE LA FOI mis à la portée de toutes sortes de personnes, ouvrage principalement destiné à l'instruction des jeunes gens qui sont à la veille d'entrer dans le monde ; par Aymé. 2 vol. in-12.

FONDEMENTS DE LA VIE SPIRITUELLE tirés du livre de l'*Imitation de Jésus-Christ* ; par le **P. Surin.** 1 vol. in-12.

FRAGMENTS D'HUBERT sur les abeilles. (*Voyez* ce mot.)

FRATRICIDE (le), ou Gilles de Bretagne, chronique du xvᵉ siècle, suivi de la *Fille de Moab;* par **M.** le vicomte Walsh. 2 vol. in-8. (R.)

FRÉDÉRIC, ou l'Ermite du mont Atlas. 1 vol. in-18.

FRÈRES (les Deux) ; par Schmid. 1 vol. in-18.

Le même ouvrage, précédé du *Rossignol.* 1 vol. in-18.

FRIDOLIN (le Bon) et le Méchant Thierry ; par Schmid. 1 vol. in-18.

Le même ouvrage. 2 vol. in-32.

FRIDOLINE (la Bonne) ; par **M.** l'abbé Hunkler. 1 vol. in-18.

FRUITS D'UNE BONNE ÉDUCATION (les) ; par Schmid. 1 vol. in-32.

G

GATIENNE, ou Courage d'une jeune fille, épisode de la révolution ; par **M.** l'abbé Pinard. 1 vol. in-12.

GÉMISSEMENT DE LA COLOMBE (du), ou de l'Utilité des larmes ; par le cardinal Bellarmin. 1 vol. in-18.

GÉMISSEMENTS D'UNE AME PÉNITENTE, tirés de l'Écriture sainte et des saints Pères ; par **M.** l'abbé Baudrand. 1 vol. in-18.

GENEVIÈVE ; par Schmid. 1 vol. in-18.

GÉNIE DU CHRISTIANISME, ou Beautés de la religion chrétienne ; par **M.** de Chateaubriand. 3 vol. in-8.

GÉOGRAPHIE (Cours abrégé de) ancienne et moderne; par M. J. Martin (des Hautes-Alpes). 1 vol. in-12.

GÉOLOGIE (Nouveau traité de), ou Exposé de l'état actuel de cette science considérée dans ses rapports avec la minéralogie, l'agriculture, l'industrie, les arts et la tradition biblique; par M. A. Giraudet. 1 vol. in-8, avec planches.

GEORGES ET PROSPER, ou Travail et paresse; par M. Sabatier de Castres. 1 vol. in-18.

GÉRALDINE, ou Histoire d'une conscience; traduit de l'anglais par Madame la marquise de M. 2 vol. in-12.

GERMANIE (la), traduite de Tacite par C. - L. - F. Panckoucke, avec un nouveau commentaire, le rapprochement des mœurs germaines avec celles des Romains, de divers autres peuples et de la nation française, des notes et les principales variantes. 1 vol. in-8. (Latin en regard du français).

Le même ouvrage, avec un extrait du nouveau commentaire de l'édition in-8. 1 vol. in-32.

GERSON, ou le Manuscrit aux enluminures; par M. Ernest Fouinet. 1 vol. in-12.

GILBERT, ou le Poète malheureux; par M. l'abbé P. 1 vol. in-12.

GILLES DE BRETAGNE, chronique du xvᵉ siècle. 2 vol. in-18.

GLOIRES DE MARIE (les); par S. Liguori. 2 vol. in-18.

GONDICAR, ou l'Amour du chrétien, épisode du temps des Croisades; par L. F. 1 vol. in-18.

GRANDEURS DE JÉSUS-CHRIST dans ses souffrances, ou Explication abrégée du mystère de sa passion; par un curé du diocèse de Lyon. 2 vol. in-12.

GRANDISSON (le Petit); par Berquin. 1 vol. in-18.

GRAND JOUR APPROCHE (le), ou Lettres sur la première communion; par un ancien missionnaire d'Amérique. 1 vol. in-18.

GRANDS HOMMES DE LA FRANCE (les); par M. Théodore Muret. 2 vol. in-8.

GRATIA, reine de Tango; par Schmid. 1 vol. in-32.

GRENIER (le), imité de l'allemand de l'abbé Nelk. 1 vol. in-32.

GROTTE (la), imité de l'allemand de l'abbé Nelk. 1 vol. in-32.

GUERRES SAINTES D'OUTRE-MER (les), ou Tableau des croisades retracé d'après les chroniques contemporaines; par Maxime de Montrond. 2 vol. in-12.

GUIDE DES PÊCHEURS (la); par le P. Louis de Grenade. 1 vol. in-8.

LE MÊME OUVRAGE. 2 vol. in-12.

GUIDE DES PERSONNES PIEUSES. 1 vol. in-18.

GUIDE ET MODÈLE DES AMES PIEUSES, ou Vie de la vénérable sœur Lenoir, écrite en partie par elle-même. 1 vol. in-12.

GUIDE SPIRITUEL POUR LA PERFECTION (le), ou petit Traité sur les degrés d'oraison et sur ce qui y a rapport; par le P. Surin. 1 vol. in-12.

GUILLAUME ET LUCIE; par Madame Dié de Saint-Joseph. 1 vol. in-18.

GUIRLANDE DE HOUBLON (la), épisode de la vie d'un pauvre maître d'école de campagne; par Schmid. 1 vol. in-18.

LE MÊME OUVRAGE. 1 vol. in-32.

GUSTAVE ET EUGÈNE; par Mᵐᵉ C. Farenc. 1 vol. in-18.

GUSTAVE ET LUCIEN, ou l'Empire sur soi-même; par Madame de Sainte-Marie. 1 vol. in-18.

GUSTAVE, ou le Jeune Voyageur en Espagne; par M. de Marlès. 1 vol. in-12.

H

HÉLÈNE, ou la Jeune Institutrice. 1 vol. in-18.

HELVIENNES (les), Lettres provinciales philosophiques; par M. l'abbé Barruel. 4 vol. in-12.

HENRIADE (la), poème. 1 vol. in-12.

HENRI D'EICHENFELS; par Schmid. 1 vol. in-32.

LE MÊME OUVRAGE, suivi de la *Veille de Noël* et des *OEufs de Pâque*. 1 vol. in-12.

HENRI ET MARIE, ou les Deux Orphelins, imité de l'allemand par Friedel. 1 vol. in-18.

HENRI (le Jeune), suivi de la *Colombe*; par Schmid. 1 vol. in-18.

HENRI MORTON, par Walter-Scott; édition abrégée par M. d'Exauvillez. 1 vol. in-12.

HÉROINES CHRÉTIENNES (les Trois), ou Vies édifiantes de trois jeunes Demoiselles. 1 vol. in-18.

HÉROS CHRÉTIENS (les), ou les Martyrs du sacerdoce; par M. l'abbé Dubois. 2 vol. in-12.

HÉROS DE LA VENDÉE (les), ou Biographie des principaux Chefs vendéens; par M. de Préo. 1 vol. in-8.

HÉROS D'UNTERWALD (le). 1 vol. in-18.

HEUREUSE ANNÉE (l'), ou l'Année sanctifiée par la méditation des sentences et des exemples des Saints; par M. l'abbé Lasausse. 1 vol. in-12.

HISTOIRE (Beautés de l'). (*Voyez* Beautés.)

HISTOIRE ABRÉGÉE D'ANGLETERRE, depuis les temps primitifs jusqu'à nos jours, avec une carte spéciale, dans laquelle on distingue les divisions successives du pays ; par M. Em. Lefranc. 1 vol. in-12. (*Voyez* Abrégé de l'histoire d'Angleterre.)

HISTOIRE ABRÉGÉE DE L'ANCIEN ET DU NOUVEAU TESTAMENT, suivie de courtes réflexions pour les enfants et les adolescents. 2 vol. in-12. (*Voyez* Histoire de l'Ancien Testament.)

HISTOIRE ABRÉGÉE DE LA RELIGION avant la venue de J.-C. ; par Lhomond, 1 vol. in-12.

HISTOIRE ABRÉGÉE DE LA RELIGION CHRETIENNE depuis l'Ascension de J.-C. jusqu'à notre époque ; par M. l'abbé Martin de Noirlieu. 1 vol. in-18.

HISTOIRE ABRÉGÉE DE L'ÉGLISE ; par Lhomond. 1 vol. in-12.

HISTOIRE ABRÉGÉE DE L'EMPIRE OTTOMAN, d'après la grande Histoire de M. de Hammer; par M. J.-L. Vincent. 2 vol. in-12 (R.).

HISTOIRE ANCIENNE des Égyptiens, des Carthaginois, des Assyriens, des Babyloniens, des Mèdes et des Perses, des Macédoniens et des Grecs ; par Rollin. 13 vol. in-12.

HISTOIRE (Cours d') et de Morale ; par M. l'abbé Mérault. 1 vol. in-12.

HISTOIRE CRITIQUE ET PHILOSOPHIQUE DU SUICIDE, par le P. Appiano Buonafède ; traduite de l'italien par MM. Armellino et L.-F. Guérin, 1 vol. in-8.

HISTOIRE D'ALEXANDRE-LE-GRAND, par Quinte-Curce ; traduite par Vaugelas, avec les suppléments de Freinshemius, traduits par M. l'abbé Dinouart. 2 vol. in-12. (Latin en regard.)

HISTOIRE D'ALGER, de son territoire et de ses habitants, de ses pirateries, de son commerce et de ses guerres, de ses mœurs et usages, depuis les temps les plus reculés jusqu'à nos jours; par M. Stéphen d'Estry. 1 vol. in-8.

HISTOIRE DE BERTRAND DU GUESCLIN; par M. Guyard de Berville. 1 vol. in-12.

HISTOIRE DE BOSSUET, d'après M. le cardinal de Bausset; par M. Roy. 1 vol. in-12.

HISTOIRE DE CHARLEMAGNE et de son siècle; par M. Roy. 1 vol. in-12.

HISTOIRE DE FÉNELON, d'après M. le cardinal de Bausset; par M. Roy. 1 vol. in-12.

HISTOIRE DE FRANCE à l'usage de la jeunesse; par M. d'Exauvillez. 2 vol. in-18.

HISTOIRE DE FRANCE (Cours abrégé d'), depuis 420 jusqu'à 1830; par M. l'abbé ***. 1 vol. in-18.

HISTOIRE DE FRANCE depuis la Gaule primitive jusqu'en 1830; par M. L... S...; revue, corrigée et annotée par M. E. Lefranc. 2 vol. in-12.

HISTOIRE DE FRANCE depuis les origines gauloises jusqu'à nos jours; par M. Amédée Gabourd. 3 vol. in-12.

HISTOIRE DE FRANCE depuis l'origine de la monarchie jusqu'à nos jours; par M. P. D. 2 vol. in-12.

HISTOIRE DE FRANCE (Petite), à l'usage des Écoles primaires; par M. Félix Ansart. 1 vol. in-18.

HISTOIRE DE FRANCE, précédée d'un Abrégé de l'histoire des Gaulois; par M. Victor Boreau. 2 vol. in-12.

HISTOIRE DE HENRI-LE-GRAND; par Hardouin de Péréfixe. 1 vol. in-12. (*Voyez* Histoire du roi Henri-le-Grand.)

HISTOIRE DE JEAN-MARIE; par Mademoiselle Ulliac Trémadeure. 1 vol. in-18.

LE MÊME OUVRAGE, suivi du *Portefeuille*. 1 vol. in-18.

HISTOIRE DE JEANNE D'ARC; par M. Roy. 1 vol. in-12. (*Voyez* Vie de Jeanne d'Arc.)

HISTOIRE DE JÉRUSALEM, tableau religieux et philosophique ; par M. Poujoulat. 2 vol. in-8.

HISTOIRE DE LA CHEVALERIE ; par M. Roy. 1 vol. in-12.

HISTOIRE DE LA CONQUÊTE DU MEXIQUE ; par M. Oct. B. 2 vol. in-18.

HISTOIRE DE LA CONVENTION NATIONALE DE FRANCE, accompagnée d'un coup d'œil sur les Assemblées constituante et législative, et de Notices historiques sur les personnages les plus remarquables qui ont figuré à cette époque de la révolution française ; par M. R.-J. Durdent. 2 vol. in-12.

HISTOIRE DE LA GRÈCE ANCIENNE ; par M. Jullien. 1 vol. in-12.

HISTOIRE DE LA GUERRE DES JUIFS contre les Romains ; par Flavius Joseph, et sa Vie écrite par lui-même, traduite du grec par Arnauld d'Andilly. 5 vol. in-12.

HISTOIRE DE LA LITTÉRATURE FRANÇAISE depuis son origine jusqu'à nos jours ; par M. Després. 1 vol. in-12. (*Voyez* Histoire élémentaire.)

HISTOIRE DE L'ANCIEN ET DU NOUVEAU TESTAMENT, avec des explications édifiantes tirées des SS. Pères, pour régler les mœurs dans toutes sortes de conditions ; par le sieur de Royaumont. 1 vol. in-12. (*Voyez* Histoire abrégée et Histoire du Vieux Testament.)

HISTOIRE DE LA PERSE depuis les temps les plus anciens jusqu'à l'époque actuelle (1821), suivie d'observations sur la religion, le gouvernement, les usages et les mœurs des habitants de cette contrée ; traduite de l'anglais de sir John Malcolm. 4 vol. in-8.

HISTOIRE DE LA RÉVOLUTION DE FRANCE ; par Montjoie. 2 vol. in-8.

HISTOIRE DE LA TERRE (Petite); par M. Meissas. 1 vol. in-18.

HISTOIRE DE LA VERTUEUSE PORTUGAISE, ou le Modèle des Femmes chrétiennes; par M. l'abbé Maydieu. 1 vol. in-12.

HISTOIRE DE LA VIE DE NOTRE-SEIGNEUR Jésus-Christ et des Actes des Apôtres, dans laquelle on a conservé et distingué les paroles du texte sacré selon la Vulgate, avec des liaisons, des explications et des réflexions; par le P. de Ligny. 4 vol. in-12.

HISTOIRE de la vie, des ouvrages et des doctrines de Calvin; par M. Audin. 1 vol. in-12.

HISTOIRE de la vie, des ouvrages et des doctrines de Luther; par M. Audin. 1 vol. in-12.

HISTOIRE de la vie et de la mort de Talleyrand-Périgord, prince de Bénévent. 1 vol. in-8.

HISTOIRE de la vie et des travaux politiques du comte d'Hauterive, comprenant une partie des actes de la diplomatie française depuis 1784 jusqu'en 1830; par M. le chevalier Artaud. 1 vol. in-8.

HISTOIRE DE L'ÉCLECTISME ALEXANDRIN, considéré dans sa lutte avec le christianisme; par M. l'abbé J.-M. Prat. 2 vol. in-8.

HISTOIRE DE L'ÉGLISE depuis son établissement jusqu'au pontificat de Grégoire XVI; par M. l'abbé Receveur. 4 vol. in-12 (les seuls parus).

HISTOIRE DE L'EMPEREUR CHARLES-QUINT, d'après Robertson; ouvrage revu par une Société d'ecclésiastiques. 1 vol. in-12.

HISTOIRE DE L'EMPIRE, contenant son origine, son progrès, ses révolutions, la forme de son gouvernement, sa politique, ses négociations et les réglemens qui ont été faits par les traités de Westphalie et autres ; par M. Heiss. 3 vol. in-4.

HISTOIRE DE L'ÉTABLISSEMENT DU CHRISTIA-NISME, tirée des seuls auteurs juifs et païens; par M. l'abbé Bullet. 1 vol. in-8.

HISTOIRE DE L'ÉTABLISSEMENT, des progrès et de la décadence du Christianisme dans l'empire du Japon ; par le P. de Charlevoix. 2 vol. in-12.

HISTOIRE DE L'HÉRÉSIE CONSTITUTIONNELLE qui soumet la religion au magistrat, depuis Luther jusqu'à l'an 1830 ; par M. l'abbé Boyer. 1 vol. in-8.

HISTOIRE DE L'INCOMPARABLE DON QUICHOTTE. (*Voyez* Don Quichotte.)

HISTOIRE DE LOUIS XI ; par M. Roy. 1 vol. in-12.

HISTOIRE DE LOUIS XVI, suivie du Testament de ce monarque et de la liste des régicides, avec de courtes notices sur chacun d'eux; par M. R.-J. Durdent. 1 vol. in-8.

HISTOIRE DE MARIE STUART; par M. de Marlès. 1 vol. in-12.

HISTOIRE DE NAPOLÉON BONAPARTE; par M. Amédée Gabourd. 1 vol. in-8.

HISTOIRE DE PARIS depuis son origine jusqu'à nos jours; par M. Théodore Muret. 1 vol. in-12.

HISTOIRE DE POLOGNE depuis son origine jusqu'à nos jours. 2 vol. in-12.

HISTOIRE DE PORTUGAL, d'après la grande Histoire de Schaeffer, et continuée jusqu'à nos jours par M. de Marlès. 1 vol. in-12.

HISTOIRE DE RUSSIE et des principales nations de l'empire russe; par M. Lévesque; revue et augmentée par MM. Malte-Brun et Depping. 8 vol. in-8.

HISTOIRE DE RUSSIE depuis l'origine de la monarchie jusqu'à nos jours ; par M. de Marlès. 1 vol. in-12.

HISTOIRE DE SAINT AUGUSTIN, évêque d'Hippone ; par M. J.-L. Vincent. 1 vol. in-18..

HISTOIRE DE SAINT BERNARD; par M. l'abbé Théodore Ratisbonne. 2 vol. in-12. (*Voyez* Vie de S. Bernard.)

HISTOIRE DE SAINT CHARLES BORROMÉE, cardinal, archevêque de Milan (1538-1584), suivie d'un tableau chronologique du siècle de saint Charles ; par M. de Chennevières. 1 vol. in-12. (*Voyez* Vie de S. Charles.)

HISTOIRE DE SAINTE CLOTILDE, reine de France ; par M. Renaud de Rouvray, 1 vol. in 18.

HISTOIRE DE SAINTE ÉLISABETH, reine de Portugal ; par M. Renaud de Rouvray. 1 vol. in-18.

HISTOIRE DE SAINTE GENEVIÈVE; par M. Girard. 1 vol. in-18.

HISTOIRE DE SAINTE MARIE, mère de Dieu ; par M. l'abbé Degouy. 1 vol. in-18.

HISTOIRE DE SAINT FRANÇOIS D'ASSISE (Abrégé de l') ; par M. Émile Chavin de Malan. 1 vol. in-18.

HISTOIRE DE SAINT FRANÇOIS DE SALES; par M. L.-F. Guérin. 1 vol. in-18.

HISTOIRE DE SAINT GERMAIN ; par M. l'abbé Duplessy. 1 vol. in-18.

HISTOIRE DE SAINT LOUIS, roi de France ; par Jehan, sire de Joinville ; revue sur tous les manuscrits et les imprimés ; par M. Fr. Michel. 1 vol. in-18.

HISTOIRE DE SAINT LOUIS, roi de France ; par M. de Bury. 1 vol. in-12.

HISTOIRE DE SAINT NICOLAS; par Mgr de Bervanger. 1 vol. in-18.

HISTOIRE DE SAINT PAUL; par M. de Beaufort. 1 vol. in-18.

HISTOIRE DE SAINT PIERRE; par M. d'Exauvillez. 1 vol. in.18.

HISTOIRE DE SAVOIE, de Piémont et de Sardaigne ; par M. J.-L. Vincent. 1 vol. in-12.

HISTOIRE DES BIENFAITS DU CHRISTIANISME. 1 vol. in-32.

HISTOIRE DES CHEVALIERS DE MALTE; par M. l'abbé de Vertot. 1 vol. in-12.

HISTOIRE DES CHEVALIERS HOSPITALIERS de Saint-Jean-de-Jérusalem, de Rhodes et de Malte; par M. l'abbé de Vertot. 5 vol. in-12.

HISTOIRE DES CROISADES; par M. Michaud. 6 vol. in-8. (R.)

HISTOIRE DES CROISADES; par M. T. Delacroix. 2 vol. in-18.

HISTOIRE DES CROISADES (Abrégé de l'); par M. F. Valentin. 1 vol. in-12.

HISTOIRE DES CROISADES (Beautés de l'). (*Voyez* Beautés.)

HISTOIRE DES ÉMIGRÉS FRANÇAIS depuis 1789 jusqu'en 1828 ; par M. Ant. de Saint-Gervais. 3 vol. in-8.

HISTOIRE DES EMPEREURS ROMAINS depuis Auguste jusqu'à Constantin ; par Crevier. 12 vol. in-12.

HISTOIRE DES ORDRES RELIGIEUX ; par M. Henrion. 2 vol. in-12.

HISTOIRE D'ESPAGNE ET DE PORTUGAL, ainsi que de leurs Colonies respectives; par M. Em. Lefranc. 2 vol. in-12.

HISTOIRE DES PAPES; par M. de Beaufort. 4 vol. in-8. (R.)

HISTOIRE DES REINES DE FRANCE depuis l'origine de la monarchie jusqu'à la mort de Marie-Antoinette, suivie d'un précis sur l'histoire de France; par M. F. Rouillon-Petit. 1 vol. in-12.

HISTOIRE DES RELIGIEUSES CARMÉLITES DE COMPIÈGNE conduites à l'échafaud le 17 juillet 1794; ouvrage posthume de la Sœur Marie de l'Incarnation, carmélite du même monastère. 1 vol. in-12.

HISTOIRE DES RÉVOLUTIONS arrivées dans le gouvernement de la république romaine; par M. l'abbé de Vertot. 3 vol. in-12.

HISTOIRE DES RÉVOLUTIONS D'ANGLETERRE; par le P. d'Orléans. 4 vol. in-8.

HISTOIRE DES SIX RESTAURATIONS; par M. Frédéric Dollé. 1 vol. in-8.

HISTOIRE DE THÉODOSE-LE-GRAND; par Fléchier. 1 vol. in-12.

HISTOIRE DE TURENNE; par M. l'abbé Raguenet. 1 vol. in-12.

HISTOIRE DE VENISE; par M. F. Valentin. 1 vol. in-12.

HISTOIRE D'IRLANDE, d'après Thomas Moore; suivie de l'*Histoire d'Ecosse* d'après Fratzer Titler, continuée jusqu'à nos jours par M. de Marlès. 1 vol. in-12.

HISTOIRE DU BAS-EMPIRE, en commençant à Constantin-le-Grand; par Lebeau. 24 vol. in-12.

HISTOIRE DU CHRISTIANISME AU JAPON; par le P. de Charlevoix. 2 vol. in-8.

HISTOIRE DU CHRISTIANISME AU JAPON, d'après le P. de Charlevoix; par M. D. L. 2 vol. in-18.

HISTOIRE DU MONT-VALÉRIEN; par M. D.-L. C. 1 vol. in-18.

HISTOIRE DU PAPE PIE VII; par M. le chevalier Artaud. 3 vol. in-12.

HISTOIRE DU PARAGUAY; par le P. de Charlevoix. 6 vol. in-12.

HISTOIRE DU PARAGUAY; par Mademoiselle Celliez. 2 vol. in-18.

HISTOIRE DU PONTIFICAT DE SAINT GRÉGOIRE-LE-GRAND; par M. Maimbourg. 1 vol. in-18.

HISTOIRE DU ROI HENRI-LE-GRAND, d'après Messire Hardouin de Péréfixe. 1 vol. in-12. (*Voyez* Histoire de Henri-le-Grand.)

HISTOIRE DU VIEUX ET DU NOUVEAU TESTAMENT, avec des explications édifiantes; par Le Maistre de Sacy, sous le nom de Royaumont. 1 vol. in-12. (*Voyez* Histoire de l'Ancien Testament.)

HISTOIRE ECCLÉSIASTIQUE (Cours d'); par M. l'abbé Blanc. — Ier volume : Introduction. 1 vol. in-8.

HISTOIRE ECCLÉSIASTIQUE par demandes et par réponses, depuis Jésus-Christ jusqu'à l'an 1814. 1 vol. in-18.

HISTOIRE élémentaire et critique de la Littérature; par M. E. Lefranc :
   Moyen-âge. 1 vol. in-12.
   Renaissance et Siècle de Louis XIV. 1 vol. in-12.
   XVIIIe et XIXe Siècles. 1 vol. in-12.

HISTOIRE ET DESCRIPTION DU JAPON, d'après le P. de Charlevoix. 1 vol. in-12.

HISTOIRE ET DESCRIPTION GÉNÉRALE DE LA NOUVELLE FRANCE; par le P. de Charlevoix. 3 vol. in-4.

HISTOIRE ET TABLEAU DE L'UNIVERS; par M. Daniélo. 4 vol. in-8. (R.)

HISTOIRE GÉNÉRALE DE L'ÉGLISE, depuis la prédication des Apôtres jusqu'au pontificat de Grégoire XVI; par M. Henrion. 13 vol. in-8.

HISTOIRE GÉNÉRALE DES VOYAGES, par La Harpe; augmentée d'un extrait des voyages les plus récents, par M. le baron de Roujoux. 30 vol. in-8.

HISTOIRE GÉNÉRALE ET PARTICULIÈRE DE LA GRÈCE, contenant l'origine, le progrès et la décadence des lois, des sciences, des arts, des lettres et de la philosophie; par Cousin-Despréaux. 16 vol. in-12.

HISTOIRE IMPARTIALE DES RÉVOLUTIONS DE FRANCE, depuis la mort de Louis XV; par Prudhomme père. 10 vol. in-12.

HISTOIRE LITTÉRAIRE DE LA FRANCE au moyen-âge; par M. Henrion. 1 vol. in-8.

HISTOIRE NATURELLE DE BUFFON. 80 vol. in-18.

HISTOIRE NATURELLE des animaux les plus remarquables de la classe des mammifères. (Quadrupèdes et cétacés.) 1 vol. in-12, figures.

HISTOIRE NATURELLE des oiseaux, des reptiles et des poissons; par M. l'abbé Bourassé. 1 vol. in-12.

HISTOIRE ROMAINE, depuis la fondation de Rome jusqu'à la bataille d'Actium; par Rollin. 16 vol. in-12.

HISTOIRE ROMAINE (Beautés de l'). (*Voyez* Beautés.)

HISTOIRE ROMAINE de Caïus Velleius Paterculus; traduite par M. Desprès. (Le latin en regard du français.) 2 vol. in-32.

HISTOIRE SAINTE, suivie d'un abrégé de la vie de N. S. J.-C.; par M. Victor Boreau. 1 vol. in-12.

HISTOIRE SAINTE (Beautés de l'). (*Voyez* Beautés.)

HISTOIRE SAINTE (Cours d'), suivi d'un abrégé de la vie de Jésus-Christ et de l'histoire de l'Église jusqu'à nos jours; par un professeur. 1 vol. in-18.

HISTOIRE SAINTE (Petit cours d'), par M. E. Herbet; revu et augmenté par M. l'abbé de Roquefeuil. 1 vol. in-12.

HISTOIRES ET PARABOLES du P. Bonaventure Giraudeau, suivies de diverses autres histoires et paraboles, et d'un abrégé des principales vérités de la religion. 1 vol. in-18.

HISTOIRES CHOISIES, ou Livre d'exemples tirés de l'Écriture, des Pères, des auteurs ecclésiastiques, avec quelques réflexions. 1 vol. in-12.

HISTOIRES CHOISIES des miracles de la sainte Eucharistie, depuis son institution divine jusqu'à nous. 1 vol. in-18. (Le tome 2e seul.)

HISTOIRES ÉDIFIANTES ET CURIEUSES, tirées des meilleurs auteurs; par M. l'abbé Baudrand. 1 vol. in-12.

LE MÊME OUVRAGE. 1 vol. in-18.

HISTOIRES MORALES (Choix d'); par Schmid. 1 vol. in-32.

HISTORIENS LATINS : Tite-Live, Salluste, Tacite, avec une introduction et des notes par M. Laurentie. 1 vol. in-18.

HISTORIETTES ET CONVERSATIONS à l'usage des enfants qui commencent à lire un peu couramment; par Berquin. 1 vol. in-18.

HISTORIETTES ET PETITS CONTES à l'usage des jeunes enfants; par Berquin. 1 vol. in-18.

HIVER (l'); par Mademoiselle Brun. 2 vol. in-18.

HOMÉLIE OU PARAPHRASE du psaume 50 (*Miserere mei, Deus*), en forme d'instruction; par le P. Edme Calabre. 1 vol. in-18.

HOMÉLIES ET DISCOURS CHOISIS de saint Basile-le-Grand, traduits par M. l'abbé Auger. 1 vol. in-8.

HOMÉLIES, ou Explication littérale et morale sur les évangiles de l'année, où les vertus les plus importantes de la morale chrétienne sont traitées; avec des résolutions des cas de conscience les plus difficiles et les moins connus; par M. l'abbé Le Vray. 3 vol. in-12.

HOMME DE DOUZE ANS (Un). 1 vol. in-18.

HOMME ET LA CRÉATION (l'), ou Théorie des causes finales dans l'univers; par M. Desdouits. 1 vol. in-8.

HONORINE, ou le Triomphe de l'humilité sur l'orgueil; par A. N. 1 vol. in-18.

HUBERT, ou les Suites funestes de la paresse et de l'indocilité; par E. N. 1 vol. in-18.

I

ILIADE D'HOMÈRE (l'), avec des remarques; précédée de réflexions sur Homère et sur la traduction des poètes, par Bitaubé. 4 vol. in-18.

ILLUSTRATIONS DE L'ALGÉRIE; par M. Roy. 1 vol. in-12.

ILLUSTRATIONS DE L'HISTOIRE D'ALLEMAGNE; par M. Roy. 1 vol. in-12.

ILLUSTRATIONS DE L'HISTOIRE D'ANGLETERRE; par M. Roy. 1 vol. in-12.

ILLUSTRATIONS DE L'HISTOIRE DE LA SUISSE; par M. Roy. 1 vol. in-12.

ILLUSTRATIONS DE L'HISTOIRE D'ESPAGNE ET DE PORTUGAL; par M. Roy. 1 vol. in-12.

ILLUSTRATIONS DE L'HISTOIRE D'ITALIE; par M. Roy. 1 vol. in-12.

IMITATION DE JÉSUS-CHRIST, avec pratiques et prières. 1 vol. in-12.

IMITATION DE JÉSUS-CHRIST, traduction de M. de Genoude, avec les pratiques du P. Gonnelieu. 1 vol. in-18.

IMITATION DE N. S. J.-C., avec les prières et les pratiques du P. Gonnelieu. 1 vol. in-18.

LE MÊME OUVRAGE, sans pratiques ni prières.

IMITATION DE LA SAINTE VIERGE, sur le modèle de l'*Imitation de Jésus-Christ*. 1 vol. in-18.

INCAS (les), ou la Destruction de l'empire du Pérou, par Marmontel ; nouvelle édition, revue et purgée avec soin par une société d'ecclésiastiques. 1 vol. in-12.

INCONNU (l'), ou l'Expiation ; par l'auteur de la *Bibliothèque de Saint-Gervais*. 1 vol. in-18.

INDE, CHINE ET JAPON, ou Nouveau tableau anecdotique de la religion, des mœurs, usages et coutumes des peuples de ces contrées. 1 vol. in-12.

INDIGENCE BRILLANTE PAR LA CHARITÉ (l), ou Recueil de faits honorables aux pauvres ; par M. l'abbé Bossu. 1 vol. in-12.

INDUSTRIE MANUFACTURIÈRE EN FRANCE (de l') ; par M. Michel Chevalier ; suivi d'une Note de M. de Candolle sur le Tableau de l'état physique et moral des ouvriers employés dans les manufactures de coton, de laine et de soie. In-18.

INFLUENCE COMPARÉE des dogmes du paganisme et du christianisme sur la morale ; par M. T..y, avocat. 1 vol. in-12.

INFLUENCE DE LA RÉFORMATION DE LUTHER (de) sur la croyance religieuse, la politique et le progrès des lumières ; par M. Robelot. 1 vol. in-8.

INSTINCT, MOEURS ET SAGACITÉ DES ANIMAUX, ou Lettres de deux amies sur l'histoire naturelle, recueillies et publiées par M. Rousse. 1 vol. in-12.

INSTRUCTION DE LA JEUNESSE en la piété chrétienne, tirée de l'Écriture sainte et des SS. Pères ; par M. Gobinet. 1 vol. in-12.

INSTRUCTION ET ÉDUCATION ; par Madame de Sainte-Marie. 1 vol. in-18.

INSTRUCTION PASTORALE de Mgr l'évêque de Chartres

sur les mystères de la religion comparés à ceux de l'incrédulité, suivie d'une Lettre au clergé de son diocèse
(1841). In-8.

INSTRUCTION PASTORALE de Mgr l'évêque de Rodez
(archevêque actuel de Cambrai) sur les dangers et les
suites déplorables de la fréquentation des cabarets.
In-12.

INSTRUCTION SUR LA CONFRÉRIE DU SCAPULAIRE
de Notre-Dame du mont Carmel. 1 vol. in-12.

LE MÊME OUVRAGE. 1 vol. in-18.

INSTRUCTION SUR LA DANSE; par M. l'abbé Hulot.
1 vol. in-18.

INSTRUCTION SUR LA PÉNITENCE ET SUR LA
SAINTE COMMUNION; par M. l'abbé Gobinet. 1 vol.
in-12.

INSTRUCTION SUR LA RELIGION, où l'on traite des
sentiments qu'il faut avoir de Dieu, de Jésus-Christ, de
l'Église catholique et de la vertu; par M. Gobinet.
1 vol. in-12.

INSTRUCTION SUR LE CHEMIN DE LA CROIX, avec
les pratiques de cette dévotion, dédiée à la sainte Vierge.
1 vol. in-18.

INSTRUCTION SUR LE JUBILÉ, par forme d'entretien
familier; par le P. Charles de Saint-Benoist. In-12.

INSTRUCTION SUR LES DISPOSITIONS qu'on doit ap-
porter aux sacrements de pénitence et d'eucharistie, tirée de l'Écriture sainte, des SS. Pères et de quelques
autres saints auteurs, avec un examen de conscience
fort utile aux personnes qui ont dessein de faire une
confession générale. 1 vol. in-12.

INSTRUCTION SUR LES MAUVAISES CHANSONS; par
M. l'abbé Hulot. 1 vol. in-18.

INSTRUCTION SUR LES ROMANS; par M. l'abbé Hulot. 1 vol. in-18.

INSTRUCTION SUR LES SPECTACLES; par M. l'abbé Hulot. 1 vol. in-18.

INSTRUCTIONS CHRÉTIENNES et prières à Dieu sur les épîtres et évangiles pour tous les jours de l'année. 1 vol. in-12.

INSTRUCTIONS ET CONSEILS AUX FILLES DE SERVICE et à tous les domestiques en général; par M. l'abbé C.-J. Busson. 1 vol. in-12.

INSTRUCTIONS ET PRIÈRES pour le jubilé. 1 vol. in-12.
LE MÊME OUVRAGE. 1 vol. in-18.

INSTRUCTIONS FAMILIÈRES sur l'oraison mentale. 1 vol. in-18.

INSTRUCTIONS GÉNÉRALES en forme de catéchisme; par Mgr Colbert, évêque de Montpellier. 2 vol. in-12.

INSTRUCTIONS pour éclairer les ames pieuses dans leurs doutes et pour les rassurer dans leurs craintes; par le P. Quadrupani. 1 vol. in-32.

INSTRUCTIONS pour la confirmation; par M. l'abbé Regnault. 1 vol. in-18.

INSTRUCTIONS POUR VIVRE CHRÉTIENNEMENT dans le monde; par le P. Quadrupani. 1 vol. in-32.

INSTRUCTIONS, sermons et mandements sur le jubilé, par Bossuet, Fénelon, Fléchier, Massillon, Bourdaloue, etc. On y a joint un sermon du P. Turchi, évêque de Parme, traduit pour la première fois de l'italien. 1 vol. in-12.

LE MÊME OUVRAGE. 1 vol. in-18.

INTRUCTIONS SUR LES DIMANCHES. (*Voyez* ce mot.)

INSTRUCTIONS SUR LES PLUS IMPORTANTES VÉRITÉS DE LA RELIGION et sur les principaux devoirs du christianisme; publiées par Mgr l'évêque de Toul. 1 vol. in-12.

INSTRUCTIONS SUR L'HUMILITÉ pour conduire à la perfection chrétienne. 1 vol. in-18.

INTÉRIEUR D'UNE FAMILLE CHRÉTIENNE (l'); par Madame de Sainte-Marie. 2 vol. in-18.

INTRODUCTION A LA CONNAISSANCE DE LA NA-TURE; par Berquin. 1 vol. in-18.

INTRODUCTION A LA VIE DÉVOTE; par saint François de Sales. 1 vol. in-12.

LE MÊME OUVRAGE. 1 vol. in-18.

INTRODUCTION A LA VIE INTÉRIEURE, en forme d'entretiens, ou Explication familière des dispositions nécessaires au chrétien pour être intérieur et homme d'oraison. 1 vol. in-12.

INTRODUCTION A LA VIE ET AUX VERTUS CHRÉ-TIENNES; par M. Olier. 1 vol. in-32.

INTRODUCTION HISTORIQUE ET CRITIQUE aux livres de l'ancien et du nouveau Testament; par M. l'abbé Glaire. 6 vol. in-12.

ITHA, comtesse de Toggenbourg, ou la Vertu persécutée; par Schmid. 1 vol. in-18.

ITHA, comtesse de Toggenbourg, ou l'Innocence persécutée; par M. L. H. 1 vol. in-18.

ITINÉRAIRE DE LA TERRE AU CIEL, ou Guide du chrétien dans les différentes positions de la vie. 2 vol. in-18.

J

JACQUES DELORME, ou Bonheur et religion; par M. d'Exauvillez. 1 vol. in-18.

JACQUES LE CANTONNIER. 2 vol. in-18.

JAMES, ou le Pécheur ramené à la religion par l'adversité; par M. E. W. 1 vol. in-18.

JEANNE D'ARC, ou le récit d'un preux chevalier; chronique française du xv⁰ siècle; par M. Max. de M. 1 vol. in-12.

JEANNE D'ARC, ou l'Héroïne du xvᵉ siècle; notice historique d'après les chroniques contemporaines et les meilleurs auteurs modernes; par M. J. Sermet. 1 vol. in-18.

JEANNE-MARGUERITE DE MONTMORENCY, ou la Solitaire des Pyrénées; par M. Sabatier de Castres. 1 vol. in-18.

JENNY. 1 vol. in-18.

JENOSEPH, ou Vertu, jeunesse et adversité; par M. L. 1 vol. in-18.

JÉRUSALEM DÉLIVRÉE (la), traduction nouvelle par C.-J. Panckoucke. (L'italien en regard du français.) 4 vol. in-32. (R.)

JÉRUSALEM ET LA JUDÉE, description de la Palestine ou Terre-Sainte; par M. E. Garnier. 1 vol. in-12.

JÉSUS-CHRIST LE VRAI ISAAC, ou la Divinité du christianisme prouvée par l'histoire du saint patriarche Isaac; par M. l'abbé Caron. 1 vol. in-12.

JEUNE ATHLÈTE CHRÉTIEN (le); par M. l'abbé Monnaix; 1 vol. in-18.

JEUNE MARIE (la), ou Conversion d'une famille protestante; par M. l'abbé B. 1 vol. in-18.

JEUNE MÉLANIE (la). 1 vol. in-18.

JEUNE STÉPHANIE (la); par Schmid. 1 vol. in-32.

JEUNES PERSONNES (les), Nouvelles; par Madame de Renneville. 2 vol. in-12.

JEUNES VOYAGEURS EN FRANCE (les), ou Description pittoresque du sol et des curiosités de ce pays, avec l'esquisse des mœurs de chaque province; par Malte-Brun. 2 vol. in-12.

JOSAPHAT; par Schmid. 2 vol. in-32.

JOSÉ, ou le Bon fils, suivi d'*Ismaël et Abdalasis*; par M. C. Guillemart. 1 vol. in-18.

JOSEPH, poème; par Bitaubé. 1 vol. in-18. (R.)

JOSEPH; par Bitaubé; édition revue et purgée avec soin par une société d'ecclésiastiques. 1 vol. in-12.

JOSEPH ET ISIDORE, ou le Danger des mauvaises compagnies; par M. Pierre Marcel. 1 vol. in-18.

JOURNAL de ce qui s'est passé à la tour du Temple pendant la captivité de Louis XVI; par M. Cléry. 1 vol. in-12.

JOURNÉE CHRÉTIENNE, où l'on trouve des règles pour vivre saintement dans tous les états et dans toutes les conditions. 1 vol. in-12.

JOURNÉES MÉMORABLES de la révolution française, racontées par un père à ses fils, ou récit complet des événements qui se sont passés en France depuis 1787 jusqu'en 1804; par M. le vicomte Walsh. 5 vol. in-8.

JUBILÉ (*Voyez* Instruction.)

JUGEMENTS HISTORIQUES ET LITTÉRAIRES sur quelques écrivains et quelques écrits du temps; par M. de Féletz. 1 vol. in-8°.

JULIEN, ou l'Enfant industrieux; par Mademoiselle L.-P. Langlois. 1 vol. in-18.

JUSTINE, ou la Piété filiale; par M. H. 1 vol. in-18.

L

LABRUYÈRE DES JEUNES PERSONNES (le); par Madame Mallès de Beaulieu. 1 vol. in-12.

LADY ANNE, ou Premières années d'une jeune orpheline, suivie de l'*École de charité*. 1 vol. in-12.

LAURE, ou la Jeune émigrée; par Madame M.-G. E. 1 vol. in-18.

LAZARINE; par Madame Dié de Saint-Joseph. 2 vol. in-18.

LEÇONS DE LA NATURE (les), ou l'Histoire naturelle, la physique et la chimie, présentées à l'esprit et au cœur; par Cousin Despréaux. 4 vol. in-12. (*Voyez* Livre de la nature.)

LEÇONS RELIGIEUSES, MORALES ET HISTORIQUES (Cours de); par Madame la baronne Dannery, surintendante de la maison royale de Saint-Denis. 2 vol. in-12.

LECTURES (Choix de) pour les enfants; par Berquin. 2 vol. in-18.

LECTURES CHRÉTIENNES en forme d'instructions familières sur les épîtres et les évangiles des dimanches, et sur les principales fêtes de l'année. 3 vol. in-12.

LÉGENDES ET TRADITIONS ALSACIENNES : *Sainte Odile,* patronne de l'Alsace; par Reiner. In-12.

LENOIR (La vénérable Sœur). 1 vol. in-12.

LÉONCE, ou l'Envie. 2 vol. in-18.

LÉONTINE ET MARIE, ou les deux éducations; par Madame Woillez. 1 vol. in-12.

LETTRE de l'auteur de la Défense de l'Église contre M. Pagès, à un théologien de province qui avait demandé des explications sur le chapitre V de ce même écrit; par M. l'abbé Boyer. In-8.

LETTRE d'un jeune anglais converti à la religion catholique, à son père, ministre protestant. In-8.

LETTRE PASTORALE de monseigneur l'évêque de Metz sur le sacrement de confirmation. In-8. (1809.)

LETTRE SUR LA PRÉSENCE RÉELLE de N. S. J.-C.

dans l'eucharistie, adressée à un agent d'une société biblique protestante; par M. l'abbé C.-J. Dolet. 1 vol. in-18.

LETTRE VENUE DE L'AUTRE MONDE (une); par M. Zaghelli. 1 vol. in-18.

LETTRES A GUSTAVE sur les avantages de l'amitié chrétienne. 1 vol. in-8.

LETTRES A Mgr L'ÉVÊQUE DE LANGRES sur la congrégation des Missions-Étrangères; par M. l'abbé J.-F.-O. Luquet. 1 vol. in-8.

LETTRES DE LÉONIE. 2 vol. in-18.

LETTRES DE MADAME DE SÉVIGNÉ à sa fille et à ses amis. 12 vol. in-18. (R.)

LETTRES DE MADAME DE SÉVIGNÉ (Nouveau choix des), spécialement destiné aux petits séminaires et aux pensionnats de demoiselles; par M. l'abbé Allemand. 1 vol. in-8.

LETTRES DE MILADY MONTAGUE pendant ses voyages en Europe, en Asie et en Afrique, traduction de M. Anson, avec une notice par M. E. Henrion. 1 vol. in-18.

LETTRES DE M. BOUDON. 2 vol. in-12.

LETTRES DE QUELQUES JUIFS portugais, allemands et polonais, à M. de Voltaire, avec un petit commentaire extrait d'un plus grand, à l'usage de ceux qui lisent ses œuvres; suivies des Mémoires sur la fertilité de la Judée par l'abbé Guénée; revues et augmentées de plusieurs notes nouvelles par M. Desdouits. 3 vol. in-12.

LETTRES DE W. COBBETT (Nouvelles) aux ministres de l'Église d'Angleterre et d'Irlande, ou suite de l'*Histoire de la Réforme*, du même auteur. 1 vol. in-18.

LETTRES ÉDIFIANTES écrites des missions étrangères. 8 vol. in-8. (*Voyez* Annales.)

LE MÊME OUVRAGE. 8 vol. in-12.

LETTRES ÉDIFIANTES des missionnaires de 1793. 1 vol. in-12.

LETTRES ÉDIFIANTES ET CURIEUSES SUR L'ALGÉRIE; par M. l'abbé Suchet. 1 vol. in-8.

LETTRES SPIRITUELLES à une dame anglaise protestante et convertie à la foi catholique; par M. l'abbé Prémord; faisant suite aux *Règles de la vie chrétienne* du même auteur, traduites de l'anglais par l'abbé Busson. 1 vol. in-12.

LETTRES SPIRITUELLES de M. Olier. 1 vol. in-8.

LETTRES SUR LA RELIGION; par Fénelon. 1 vol. in-8.

LETTRES SUR LES ILES MARQUISES, ou Mémoires pour servir à l'étude religieuse, morale, politique et statistique des îles Marquises et de l'Océanie orientale, avec une carte géographique des îles, et un dessin de l'arbre à pain; par le P. Mathias C. 1 vol. in-8.

LETTRES SUR L'HISTOIRE DE LA RÉFORME en Angleterre et en Irlande; par Cobbett. 1 vol. in-12.

LETTRES SUR L'ITALIE, considérée sous le rapport de la religion; par M. Pierre de Joux. 2 vol. in-8.

LE MÊME OUVRAGE. 2 vol. in-12.

LETTRES SUR L'ITALIE, par Dupaty; édition retouchée à l'usage des maisons d'éducation par l'abbé M., directeur d'un petit séminaire. 1 vol. in-12.

LETTRES SUR L'ITALIE, par Dupaty; édition revue et purgée avec soin par une société d'ecclésiastiques, suivie d'un appendice extrait d'un voyage inédit. 1 vol. in-12.

LIBERTÉ DE LA PRESSE (Des abus de la), ou considérations sur la propagation des mauvais livres. 1 vol. in-12.

LIS DU MOIS DE MAI (le) offert aux pieux enfants de Marie ; par M. L.-F. Guérin. 1 vol. in-18.

LIVRE DE FAMILLE (le), ou Entretiens familiers sur les connoissances les plus nécessaires à la jeunesse ; par Berquin. 1 vol. in-18.

LIVRE DES FAMILLES CHRÉTIENNES (le), méditations, prières et exercices ; par le prince de Hohenlohe ; traduit de l'allemand par M. Lowengard, mis en ordre par M. l'abbé Lécuy, et approuvé par plusieurs archevêques et évêques. 1 vol. in-12.

LIVRE DE LA NATURE (le), ou l'Histoire naturelle, la physique et la chimie présentées à l'esprit et au cœur ; par Cousin-Despréaux ; nouvelle édition, entièrement refondue et mise au niveau des connaissances actuelles par M. Desdouits. 4 vol. in-12. (*Voyez* Leçons de la nature.)

LIVRE DE LA PREMIÈRE COMMUNION (le), ou l'Enfant chrétien conduit au tribunal de la pénitence et à la table eucharistique sur les traces de saint Louis de Gonzague, etc.; ouvrage imité de l'italien de M. Marconi ; par M. l'abbé Guillois, curé au Mans. 1 vol. in-18.

LIVRE DE LA VIE SPIRITUELLE (le), contenant le traité de la vie intérieure par le P. de Bernezai, la vraie et solide piété expliquée par saint François de Sales, la doctrine spirituelle par le P. de Saint-Jure, M. d'Orléans de Lamothe et sainte Thérèse. 1 vol. in-8.

LIVRE DE MARIE CONÇUE SANS PÉCHÉ (le), ou Histoire complète de la médaille dite miraculeuse, et recueil d'exemples les plus remarquables des grâces extraordinaires obtenues jusqu'à ce jour par la médaille, etc.; par M. l'abbé Le Guillou. 1 vol. in-18.

LIVRE DES ANECDOTES religieuses, morales, instructives et amusantes. 1 vol. in-18.

LIVRE DES PSAUMES, cantiques et lamentations (le), traduit littéralement sur la Vulgate, en vers français, et annotés, par MM. de Cardonnel et Debar. 1 vol. in-8.

LIVRE DES VACANCES (le). 1 vol. in-18.

LIVRE DU CHRÉTIEN (le), dans lequel se trouve tout ce que le chrétien doit savoir par rapport à la religion; par Tricalet. 1 vol. in-12.

LOISIRS D'UN CURÉ (Nouveaux); par M. l'abbé H. 1 vol. in-12.

LOUIS XVIII A SES DERNIERS MOMENTS, précédé des exemples édifiants de la mort des princes de la famille des Bourbons, etc; avec un post-scriptum comprenant les actes de Charles X, les funérailles de Louis XVIII, et son oraison funèbre prononcée par Mgr l'évêque d'Hermopolis; par M. Durozoir. 1 vol. in-12.

LOUIS ET ADOLPHE, ou les Bons frères; par Madame C. Farrenc. 1 vol. in-18.

LOUIS LE PETIT ÉMIGRÉ; par Schmid. 1 vol. in-18.

LE MÊME OUVRAGE. 1 vol. in-32.

LOUIS XVI ET SES VERTUS aux prises avec la perversité de son siècle; par M. l'abbé Proyart. 5 vol. in-8.

LOUISE ET ELISABETH, ou les deux Orphelines; par M. Pierre Marcel. 1 vol. in-18.

LUCIA MONDELLA, nouvelle italienne tirée des *Fiancés* de Manzoni. 2 vol. in-18.

LYDIA, ou la Jeune Grecque, suivie de *Marie de Tiffenheim, ou la Caisse communale*; par M. P. 1 vol. in-18.

LYDIE DE GERSIN, ou Histoire d'une jeune Anglaise de huit ans; par Berquin. 1 vol. in-18.

LIS DE LA VALLÉE (le), imité de l'allemand. 1 vol. in-32.

M

MADEMOISELLE DE MONTEYMART ET CALISTE DURVOIS, ou l'Amitié chrétienne; par Madame de Sainte-Marie. 1 vol. in-18.

MAGASIN DES ADOLESCENTES, où Dialogues d'une sage gouvernante avec ses élèves; par Madame Leprince de Beaumont. 2 vol. in-12. (*Voyez* Manuel de la jeunesse.)

MAITRE D'ÉCOLE DE MONTIGNY (le); par M. Ernest Fouinet. 1 vol. in-18.

MANDEMENTS ET INSTRUCTIONS PASTORALES de M. de Boulogne, suivis de divers morceaux oratoires. 1 vol. in-8.

MANIÈRE DE BIEN INSTRUIRE LES PAUVRES (la), et en particulier les gens de la campagne; par M. Lambert. 1 vol. in-12.

MANNE DU DÉSERT (la), pour les personnes qui sont en retraite; par le P. Crasset. 1 vol. in-12.

MANUEL D'ÉDUCATION (Petit) à l'usage des jeunes filles de huit à douze ans; par Madame Sirey. 1 vol. in-18.

MANUEL DE LA CONFRÉRIE DU SCAPULAIRE, d'après les documents les plus authentiques; par M. l'abbé de Sambucy. 1 vol. in-18.

MANUEL DE LA DÉVOTION A LA SAINTE VIERGE. 1 vol. in-18.

MANUEL DE LA JEUNESSE, ou Instructions familières en dialogues, sur les principaux points de la religion; ouvrage utile aux personnes qui disposent la jeunesse à la première communion, et qui peut faire suite au *Magasin des adolescentes*, de Madame Leprince de Beaumont. 3 vol. in-12.

MANUEL DE LA JEUNESSE FRANÇAISE, suite de la *Morale en action*. 1 vol. in-12.

MANUEL DES CATÉCHISMES, ou Recueil de prières, billets, cantiques, etc. 1 vol. in-18.

MANUEL DES ÉTUDES, ou Pensées et jugements sur l'éducation, la religion, la philosophie, la morale, la politique, l'histoire, les sciences, les beaux-arts, les grands hommes et les écrivains classiques ; textuellement extraits du *Traité des études* et des autres ouvrages de Rollin. 1 vol. in-18.

MANUEL DU PÉNITENT, ou Motifs de contrition, réduits en actes pour en faciliter la pratique. 1 vol. in-18.

MANUEL DU ROSAIRE VIVANT ; rédigé par M. l'abbé Bétemps. 1 vol. in-18.

MARIA, ou Confiance en Dieu porte bonheur ; par M. A. D. 1 vol. in-18.

MARIE ET LAURE ; par Madame de Gaulle. 1 vol. in-18.

MARIE (La jeune), ou Conversion d'une famille protestante ; par M. l'abbé B. 1 vol. in-18.

MARIE, ou la Corbeille de fleurs ; par Schmid. 1 vol. in-18.

MARIE, ou l'Ange de la terre ; par Mademoiselle de V. 1 vol. in-12.

MARIE, ou la Prison ; par Mademoiselle Julie Gouraud. in-18.

MARIE, ou la Vertu heureuse de s'ignorer elle-même ; par Madame Dié de Saint-Joseph ; 1 vol. in-18.

MARTHE, ou la Sœur hospitalière; par M. l'abbé J. 1 vol. in-18.

MARTYRE DE SAINT MAURICE ET DE SES COMPA-GNONS (le), suivi des vies de saint Saturnin, de saint Gatien, de sainte Perpétue, de saint Grégoire de Tours et et des quarante martyrs de Sébaste. 1 vol. in-32.

MARTYROLOGE DU CLERGÉ FRANÇAIS pendant la révolution. 1 vol. in-18.

MARTYRS DE LYON, du Japon, de la Chine, etc. (Les saints). 1 vol. in-32.

MATHILDE, ou l'Orpheline de la Suisse; par Schmid. 1 vol. in-32.

MAURICE, ou la Confiance en Marie; par M. Zaghelli. 1 vol. in-18.

MAXIMES POUR SE CONDUIRE CHRÉTIENNEMENT DANS LE MONDE; par l'abbé Clément; édition revue et augmentée de l'Éloge historique de madame Henriette de France. 1 vol. in-18.

MÉDAILLON (le), imité de l'allemand de M. l'abbé Nelk. 1 vol. in-32.

MÉDECIN DE CAMPAGNE (Le bon); par M. H. G. 1 vol. in-12.

MÉDITATIONS POUR TOUS LES DIMANCHES DE L'ANNÉE; par le P. Nouet. 2 vol. in-18.

MÉDITATIONS RELIGIEUSES; par M. d'Exauvillez; 3ᵉ édition, revue et considérablement augmentée. 1 vol. in-18.

MÉDITATIONS SUR DIVERS SUJETS RELIGIEUX; par M. d'Exauvillez; 2ᵉ édition, revue et augmentée. 1 vol. in-18.

MÉDITATIONS SUR L'ÉVANGILE; par Bossuet. 1 vol in-8.

MÉLANGES DE RELIGION, de critique et de littérature;
par M. de Boulogne. 2 vol. in-8.

MÉLANGES. —Feuilletons politiques et littéraires, scènes
contemporaines ; par M. le vicomte Walsh. 1 vol. in-8.

MÉLANGES RELIGIEUX ; par Mademoiselle Natalie Pi-
tois. 1 vol. in-8.

MÉLANIE ET LUCETTE, ou les Avantages de l'éducation
religieuse. 1 vol. in-18. (*Voyez* Preuves simples et
claires de la divinité de Jésus-Christ.)

MÉLANIE (La jeune). 1 vol. in-18.

MÉMOIRES DE JULES-CÉSAR ; traduction nouvelle par
M. Artaud. 3 vol. in-8. (Le latin en regard.)

MÉMOIRES DE M. DE BELVAL, ou la Vérité reconnue.
1 vol. in-8.

MÉMOIRES DE SOEUR SAINT-LOUIS, contenant divers
souvenirs de son éducation et de sa vie dans le monde.
2 vol. in-12.

MÉMOIRES D'UN ANGE GARDIEN. 1 vol. in-18.

MÉMOIRES D'UN PRISONNIER D'ÉTAT ; par M. Alexandre Andryane. 2 vol. in-12. (R.)

MÉMOIRES EN FORME DE LETTRES sur Mgr Louis
François d'Orléans de La Motte , évêque d'Amiens; par
M. l'abbé d'Argnies. 3 vol. in-12.

MÉMOIRES ET EXPÉRIENCES dans la vie sacerdotale
et dans le commerce avec le monde ; par Alexandre,
prince de Hohenlohe. 1 vol. in-8.

MÉMOIRES HISTORIQUES sur les affaires ecclésiastiques
de France pendant les premières années du XIXᵉ siècle.
3 vol. in-8.

MÉMOIRES PHILOSOPHIQUES DU BARON DE ***, ou
l'Adepte du philosophisme ramené à la religion catholique par gradation et au moyen d'arguments , de faits

et de preuves sans répliques; par l'abbé de Crillon. 1 vol. in-12.

MÉMOIRES POUR SERVIR A L'HISTOIRE DES CA- COUACS, suivi d'un supplément à l'Histoire des Ca- couacs jusqu'à nos jours. 1 vol. in-12.

MÉMOIRES POUR SERVIR A L'HISTOIRE DU JACO- BINISME (Abrégé des); par Barruel. 2 vol. in-12.

MÉMOIRES POUR SERVIR A L'HISTOIRE ECCLÉ- SIASTIQUE pendant le xviii° siècle. 4 vol. in-8.

MÉMOIRES SUR L'ANCIENNE CHEVALERIE consi- dérée comme un établissement politique et militaire; par M. de la Curne de Sainte-Palaye. 3 vol. in-12.

MÉMOIRES SUR LES MOEURS ET LES COUTUMES DE L'INDE, précédés d'une notice géographique et d'un précis sur l'histoire de ce pays; par un mission- naire. 2 vol. in-12.

MÉMORIAL DE LA RÉVOLUTION FRANÇAISE, ses causes, ses promesses et ses résultats, offert à tous les âges et surtout à la jeunesse. 2 vol. in-12.

LE MÊME OUVRAGE. (1824.) 1 vol. in-12.

MÉMORIAL DE LA VIE CHRÉTIENNE, qui contient en abrégé tout ce que doit faire une ame nouvellement convertie à Dieu, pour arriver à la perfection à laquelle elle doit aspirer; par le P. Louis de Grenade. 3 vol. in-8.

MENDIANTE (La petite), ou une Journée d'angoisse et de bonheur, suivie de la *Famille Wild*; par M. P. Marcel. 1 vol. in-18.

MENTOR DES ENFANTS (le), ou Recueil d'instructions, de traits d'histoire et de fables nouvelles propres à for- mer l'esprit et le cœur; par M. l'abbé ***. 1 vol. in-12.

MENTOR DES ENFANTS (Nouveau), ou Recueil de

traits d'histoire choisis, avec de grands exemples de vertus, extraits de M. l'abbé Reyre. 1 vol. in-18.

MER (la), Nouvelle histoire des naufrages; par M. A. de Fontaine de Resbecq. 2 vol. in-18.

MERVEILLES DE LA NATURE (les); par M. Delacroix. 1 vol. in-18.

MERVEILLES DE LA PROVIDENCE dans la nature et dans la religion (les). 1 vol. in-12.

MES DOUTES. (*Voyez* Doutes.)

MES PRISONS, Mémoires de Silvio Pellico. 1 vol. in-12.

MES PRISONS, Mémoires de Silvio Pellico, traduits de l'italien par M. Oct. B. 2 vol. in-18.

MESSE DES FIDÈLES (la), avec une Explication historique du sacrifice de la sainte messe et des pratiques de piété; par M. Lenglet du Fresnoy. 1 vol in-12.

MÉTÉOROLOGIE (Résumé de); par M. Meissas. 1 vol. in-12.

MÉTHODE ABRÉGÉE D'ÉTUDIER LA RELIGION par principes, et d'en démontrer la vérité; Recueil utile à la jeunesse et à tous ceux qui veulent s'instruire en peu de temps des vérités fondamentales ainsi que des preuves de la vraie religion, et se prémunir contre les attaques de l'incrédulité et de l'erreur. 1 vol. in-12.

MÉTHODE COURTE ET FACILE pour se convaincre de la vérité de la religion catholique, d'après les écrits de Bossuet, Fénelon, Pascal et Bullet; par un supérieur de séminaire. 1 vol. in-18.

MICHAEL, ou le Jeune chevrier du mont Perdu; par M. A. E. de Saintes. 1 vol. in-12.

MICHEL ET BRUNO, ou les Fils du pieux marinier; par Madame C. Farrenc. 1 vol. in-18.

MICHEL ET FRANÇOIS; par M. Fortunat. 1 vol. in-18.

MILITAIRES (Vies des saints), ouvriers, servantes, etc. 1 vol. in-12.

MINÉRALOGIE POPULAIRE; par M. C.-P. Brard. 1 vol. in-18.

MINÉRALOGIE (Résumé de); par M. Meissas. 1 vol. in-12.

MIROIR SPIRITUEL (le), par le vénérable Louis de Blois; traduit pour la première fois du latin par M. l'abbé Prompsault. 1 vol. in-18.

MISSIONNAIRE DES FAMILLES CHRÉTIENNES (le), méditations extraites des *Heures catholiques* du prince Alexandre de Hohenlohe. 1 vol. in-18.

MODÈLE DES ENFANTS (Nouveau), ou Choix des meilleurs morceaux extraits de M. l'abbé Reyre. 1 vol. in-18.

MODÈLE DES JEUNES GENS (le). 1 vol. in-18. (Vie du jeune Sousi.)

MODÈLES D'ÉLOQUENCE, ou Traits brillants des orateurs français les plus célèbres. 1 vol. in-12.

MOEURS CHRÉTIENNES AU MOYEN-AGE (les), ou les Ages de foi, par M. Digby; traduit de l'anglais, etc., par M. Daniélo. 2 vol. in-8. (R.)

MOEURS, COUTUMES ET RELIGION DES SAUVAGES AMÉRICAINS; extrait du P. Lafiteau. 2 vol. in-12.

MOEURS, COUTUMES, USAGES ET RELIGION DE LA CHINE. 1 vol. in-12.

MOEURS DES ISRAÉLITES ET DES CHRÉTIENS; par Fleury. 1 vol. in-12.

MOIS DE MARIE DE LA JEUNESSE CHRÉTIENNE; par un curé du diocèse de Luçon. 1 vol. in-18.

MOIS DE MARIE DES SÉMINAIRES. 1 vol. in-32.

MOIS DE MARIE (Le nouveau); par Mgr Letourneur, évêque de Verdun. 1 vol. in-18.

MONDE SOUTERRAIN (le), ou Merveilles géologiques; par M. de Longchêne. 1 vol. in-12.

MONT-VALÉRIEN (le), ou Pèlerinage et amitié; par M. Max. de M. 1 vol. in-12.

MORALE CHRÉTIENNE (Beautés de la). (*Voyez* Beautés.)

MORALE DE LA BIBLE, ou Explication des commandements de Dieu d'après les propres paroles de l'ancien et du nouveau Testament; par M. l'abbé Didon. 2 vol. in-12.

MORALE EN ACTION, ou Choix de faits mémorables et d'anecdotes instructives. 1 vol. in-12. (*Voyez* Manuel de la jeunesse française.)

MORALE (Petit cours de) pour l'éducation de la jeunesse. 1 vol. in-18.

MORCEAUX CHOISIS DE FÉNELON, ou Recueil de ce que cet orateur a de plus remarquable sous le rapport de la morale et du style, ouvrage propre à inspirer à la jeunesse le goût des vertus et des lettres; par M. l'abbé Rolland; précédé de l'éloge de Fénelon par Laharpe, et du jugement du cardinal de Bausset sur Fénelon considéré comme écrivain. 1 vol. in-18.

MORCEAUX CHOISIS DE L'ABBÉ BAUDRAND, ou Recueil de ce que cet orateur a de plus remarquable sous le rapport de la morale et du style, ouvrage propre à inspirer à la jeunesse le goût des vertus et des lettres; par M. Durand; précédé d'une notice sur Baudrand. 1 vol. in-18.

MORCEAUX CHOISIS DE L'HISTOIRE DE L'ÉGLISE, présentant le tableau de ses combats, de ses triomphes, et les traits les plus propres à instruire et à édifier les fidèles; recueillis et mis en ordre par M. A. Bonnetty. 2 vol. in-12.

MORCEAUX CHOISIS DE MASSILLON, ou Recueil de

ce que ses écrits ont de plus parfait sous le rapport du style et de l'éloquence. 1 vol. in-18.

MORCEAUX CHOISIS DE MASSILLON, ou Recueil des passages les plus remarquables de ce grand écrivain, sous le rapport de la pensée et du style, avec une notice sur Massillon par M. de B. 1 vol. in-18.

MORCEAUX CHOISIS DES LETTRES ÉDIFIANTES ET CURIEUSES écrites des missions étrangères. 2 vol. in 12.

MORT D'ABEL (la), poème en cinq chants, par Gessner; traduction nouvelle. 1 vol. in-12. (R.)

MORT FUNESTE DES IMPIES LES PLUS CÉLÈBRES (Recueil de la). 1 vol. in-18.

MORTS ÉDIFIANTES (Recueil de). 1 vol. in-18.

MOTIFS DE LA CONVERSION D'UN PROTESTANT, ou l'Église catholique vengée du reproche d'innovation par l'Écriture et la tradition des quatre premiers siècles; par un prêtre du clergé de Paris. 1 vol. in-18.

MOTIFS qui m'ont déterminé à préférer la religion catholique romaine aux religions protestantes, traduits du latin par M. l'abbé Prompsault. 1 vol. in-18.

MOTIFS qui ont ramené à l'Église catholique un grand nombre de protestants. 1 vol. in-12.

LE MÊME OUVRAGE, 2ᵉ édition, revue et augmentée. 2 vol. in-18.

MOUCHE (la), précédée du *Rosier;* par Schmid. 1 vol. in-18.

MOUTON (Le petit); par Schmid. 1 vol. in-32.

LE MÊME OUVRAGE, suivi du *Ver luisant;* par le même. 1 vol. in-18.

MOYEN DE MENER UNE VIE CHRÉTIENNE ET PARFAITE; par un père de la compagnie de Jésus. 1 vol. in-32.

MYSTÈRES DE JÉSUS-CHRIST (les), expliqués en forme

11

d'instructions selon l'esprit de l'Écriture et des Pères. 1 vol. in-18.

MYTHOLOGIE ÉPURÉE; par Madame Emma Morel. 1 vol. in-18.

N

NAUFRAGÉS AU SPITZBERG (les), ou les Salutaires effets de la confiance en Dieu. 1 vol. in-12.

NAUFRAGES CÉLÈBRES, ou Aventures les plus remarquables des marins, depuis le xve siècle jusqu'à nos jours. 1 vol. in-12.

NAUNDORFF, ou Mémoire à consulter sur l'intrigue du dernier des faux Louis XVII, etc.; par M. A.-F.-V. Thomas. 1 vol. in-8.

NÉCESSITÉ DE LA RELIGION par rapport à la tranquillité des États, à l'ordre des familles et au bonheur des particuliers, avec notes; par M. l'abbé Thomas. 1 vol. in-18.

NEUVAINE AUX SACRÉS COEURS DE JÉSUS ET DE MARIE; par M. l'abbé Baudrand. 1 vol. in-18.

NEUVAINE EN L'HONNEUR DE SAINTE THÉRÈSE. 1 vol. in-12.

NICOLAS DE FLUE (le B.) et les confédérés à l'assemblée de Stans; traduit de l'allemand de M. Guido Goerres. 1 vol. in-12.

NIGEL (Aventures de); par Walter Scott; édition abrégée par M. d'Exauvillez. 1 vol. in-12.

NOEL; par M. Michel Couvelaire. 1 vol. in-18.

NOTICE historique et critique sur la sainte couronne d'épines et sur les autres instrumens de la passion qui se conservent dans l'église métropolitaine de Paris. 1 vol. in-8.

NOTICE sur la vie et la mort de Jean-Gabriel Perboyre, prêtre de la congrégation de la mission de Saint-Lazare, martyrisé en Chine le 11 septembre 1840; par un prêtre de la même congrégation. 1 vol. in-8.

NOTRE-DAME DE L'ÉPINE; par M. L.-F. Guérin. 1 vol. in-18.

NOUVEAU TESTAMENT; traduit par Le Maistre de Sacy. 1 vol. in-12.

NOUVELLES CHOISIES de divers auteurs, avec une préface par M. Stéphen de la Madelaine. 1 vol. in-12.

NOUVELLES CHRÉTIENNES, suivies de la *Légende de saint Véran*, évêque de Cavaillon. 1 vol. in-12.

NOUVELLES DES MISSIONS, extraites des Lettres édifiantes et curieuses :
Missions d'Amérique. 2 vol. in-12.
Missions de l'Inde et de la Chine. 2 vol. in-12.
Missions du Levant. 2 vol. in-12.

NOUVELLES HISTORIETTES, précédées de *La Famille chrétienne*; par Schmid. 1 vol. in-18.

NOUVELLES RELIGIEUSES; par Madame Tarbé des Sablons. 1 vol. in-18.

NUIT DE NOEL (la); traduit de l'allemand. 1 vol. in-32.

O

ODYSSÉE D'HOMÈRE (l'), avec des remarques; précédée de réflexions sur l'*Odyssée* et sur la traduction des poètes; par Bitaubé. 4 vol. in-18.

OEUF DE PAQUE (l'); imité de l'allemand du chanoine Damien. 1 vol. in-32.

OEUFS DE PAQUE (les); par Schmid. 1 vol. in-32.

LE MÊME OUVRAGE, suivi de *Théodora*. 1 vol. in-18.

OEUVRES CHOISIES DE BOILEAU. 1 vol. in-18.

OEUVRES CHOISIES DE J.-B. ROUSSEAU. 1 vol. in-18.

OEUVRES CHOISIES DE MADAME LAMBERT, avec une préface et des notes par **M.** Laurentie. 1 vol. in-18.

OEUVRES CHOISIES DE WALTER SCOTT ; traduction nouvelle et abrégée par **M.** d'Exauvillez ; 8 vol. in-12, contenant : *Anne de Geierstein, l'Antiquaire, les Aventures de Nigel, Henri Morton, Quentin Durward, Rob-Roy, Waverley, Woodstock ou le Cavalier.*

OEUVRES COMPLÈTES DE BERQUIN. 19 vol. in-18.

 L'Ami des enfants. 7 vol.
 Bibliothèque des villages. 2 vol.
 Choix de lectures pour les enfants. 2 vol.
 Introduction à la connoissance de la nature. 1 vol.
 Le Livre de famille. 1 vol.
 Le Petit Grandisson. 1 vol.
 Lydie de Gersin. 3 vol.
 Sandford et Merton. 2 vol.

OEUVRES COMPLÈTES DE BOURDALOUE. 33 vol. in-18.

 Avent. 3 vol.
 Carême. 6 vol.
 Dominicales. 6 vol.
 Mystères. 4 vol.
 Panégyriques. 4 vol.
 Exhortations. 4 vol.
 Retraite. 1 vol.
 Pensées. 5 vol.

OEUVRES COMPLÈTES DE MALEBRANCHE, ouvrage publié par MM. de Genoude et de Lourdoueix. 2 vol. in-4.

OEUVRES DE BOILEAU-DESPRÉAUX. 1 vol. in-18.

OEUVRES DE L'ABBÉ BAUDRAND. 16 vol. in-18. (*Voyez* Ame, Histoires édifiantes, Neuvaine, Réflexions, Gémissements, Visites.)

OEUVRES DE M. BORDERIES, évêque de Versailles, précédées d'une notice sur sa vie. 4 vol. in-8.

1ᵉʳ vol. *Avent, Conférences, Mandements.*

2ᵉ et 3ᵉ vol. *Carême.*

4ᵉ vol. *Prônes, Exhortations, Instructions, Catéchisme, Cantiques, Proses, Hymnes, etc.*

OEUVRES DE M. DE BELZUNCE, évêque de Marseille, recueillies par M. l'abbé Jauffret. 2 vol. in-8.

OEUVRES DE SAINTE THÉRÈSE; traduites par Arnaud d'Andilly. 6 vol. in-12.

OEUVRES DRAMATIQUES; sujets sacrés. 1 vol. in-12. Contient : *Athalie,* par Racine; *Saül,* par M. Alexandre Soumet; *Les Machabées,* par M. Alexandre Guiraud.

OEUVRES DU PHILOSOPHE BIENFAISANT (le roi Stanislas). 4 vol. in-12.

OLYMPE ET ADÈLE, ou Humilité et orgueil; par Madame de Sainte-Marie. 1 vol. in-18.

ONCLE SÉVÈRE (l'); par Schmid. 1 vol. in-32.

ONGUENT contre la morsure de la vipère noire, composé par le docteur Evariste de Gipendole. 1 vol. in-18.

ORAISONS FUNÈBRES DE BOSSUET. 2 vol. in-18.

ORAISONS FUNÈBRES DE BOSSUET ET DE FLÉCHIER. 1 vol. in-12.

ORAISONS FUNÈBRES prononcées par Bossuet, évêque de Meaux, avec un précis de la vie de l'auteur. 1 vol. in-12.

ORAISONS FUNÈBRES prononcées par M. Fléchier, évêque de Nîmes, avec un précis de la vie de l'auteur. 1 vol. in-12.

ORAISONS FUNÈBRES prononcées par le P. Delarue. 1 vol. in-12.

ORAMAIKA, Nouvelle indienne. 2 vol. in-18.

ORATOIRE DU COEUR (l'). (*Voyez* Ame chrétienne.)

ORDRE ET DÉSORDRE ; par Mademoiselle Brun. 1 vol. in-18.

ORIGINE DES DIEUX, des héros, des fables et des mystères du paganisme ; par M. l'abbé Théodore Perrin. 2 vol. in-12.

ORPHELIN DU TYROL (l'), imité de l'allemand de M. Ottemar. 1 vol. in-32.

ORPHELINE DE MOSCOU (l'), ou la Jeune institutrice; par Madame Woillez. 1 vol. in-12.

ORPHELINES (Les trois), nouvelles Veillées du château ; par Madame de Lafaye-Bréhier. 1 vol. in-12.

ORPHELINS JUIFS (les). 1 vol. in-18.

ORPHELINS (Les deux) ; par Madame de Sainte-Marie. 1 vol. in-18.

OSCAR ET EUDOXIE, ou l'Éducation. 1 vol. in-18.

OUVRIÈRE (La pieuse), ou Morale en action des jeunes filles ; par M. l'abbé de la Bussière de Vancé. 1 vol. in-18.

OUVRIERS (Vies des saints), militaires, servantes, etc. 1 vol. in-12.

P

PANÉGYRIQUE DE SAINT VINCENT DE PAUL ; par M. de Boulogne. In-8.

PANÉGYRIQUES, ORAISONS FUNÈBRES et autres discours de M. de Boulogne. 1 vol. in-8.

PAPAUTÉ (la) considérée dans son origine, dans son développement au moyen âge, et dans son état actuel, aux prises avec le protestantisme, ou Réponses aux allégations de M. Merle d'Aubigné dans son *Histoire de la réformation au* XVIe *siècle*, et à l'écrit de M. Bost, ministre du saint Évangile, intitulé : *Appel à la con-*

science de tous les catholiques romains; par M. l'abbé C.-M. Magnin. 1 vol. in-8.

PARADIS PERDU (le), de Milton; traduit de l'anglais par Dupré de Saint-Maur, revu et corrigé par M. l'abbé Rousier. 1 vol. in-8.

PARAPHRASE DU *SALVE, REGINA;* par S. Liguori. 1 vol. in-18.

PARFAIT DOMESTIQUE (le), ou les Aventures de Jasmin; par M. B. d'Exauvillez. 1 vol. in-18.

PARFAIT MODÈLE (le), ou Vie de Berchmans. 1 vol. in-18.

PARISIEN (le) et le Savoyard; par M. Zaghelli. 1 vol. in-18.

PAROISSE VENDÉENNE SOUS LA TERREUR (Une); par M. le comte de Quatrebarbes. 1 vol. in-12.

PAROLES D'UN CROYANT (Encore quelques). In-8.

PAROLES MÉMORABLES, recueillies par Gabriel Brotier et Brotier neveu. 1 vol. in-12.

PARURES (Traité contre l'amour des) et le luxe des habits, 1 vol. in-18.

PAUL ET GEORGES, ou Charité et rigorisme; par L.-F. 1 vol. in-18.

PAUL ET VIRGINIE, suivi de la *Chaumière indienne* et de morceaux choisis des *Études de la nature*, par Bernardin de Saint-Pierre; avec une notice sur sa vie; nouvelle édition, revue et purgée avec soin par une société d'ecclésiastiques. 1 vol. in-12.

PAUL, ou Entretiens familiers en forme de controverse sur les vérités fondamentales de la religion; par M. Renvoise. 2 vol. in-12.

PAUL, ou les Dangers d'un caractère faible, histoire religieuse et morale; par M. l'abbé Guérinet. 1 vol. in-12.

PAULINE, ou Courage et prudence; par Madame de Sainte-Marie. 1 vol. in-18.

PAUPÉRISME (du) et de la charité légale; par M. de Rémusat; suivi d'Observations de M. de Candolle sur un *Traité de la bienfaisance publique*. In-18.

PAUVRE JACQUES (le) ou le Frère adoptif, suivi de la *Veillée bienfaisante*; par Madame de Lafaye-Bréhier. 1 vol. in-12.

PAYSAN (le bon), ou Thomas converti; par M. B. d'Exauvillez. 1 vol. in-18. (C'est la 2e partie du *Bon curé.*)

PAYSANNE (la pieuse); édition suivie de la *Bonne journée*. 1 vol. in-12.

PEINTRES CÉLÈBRES (les); par M. F. Valentin. 1 vol. in-12.

PÈLERINAGE (un), ou Élisa de Belmont; par M. l'abbé Mounaix. 1 vol. in-18.

PÈLERINAGE A JÉRUSALEM et au mont Sinaï; par le P. de Géramb. 3 vol. in-12.

PÈLERINAGE D'UNE JEUNE FILLE du canton d'Unterwalden à Jérusalem (Relation du); publiée par M. H. Gaucheraud. 2 vol. in-18.

PÈLERINAGE D'UN NOMMÉ CHRÉTIEN, écrit sous l'allégorie d'un songe. 1 vol. in-18.

PÈLERINAGES DE SUISSE; par M. Louis Veuillot. 2 vol. in-12.

PENSÉE (la), imité de l'allemand. 1 vol. in-32.

PENSÉES DE LA SOLITUDE CHRÉTIENNE sur l'éternité, le mépris du monde et la pénitence; par le P. Toussaint Saint-Luc. 1 vol. in-12.

PENSÉES DU P. BOURDALOUE sur divers sujets de religion et de morale. 3 vol. in-12.

PENSÉES DU VICOMTE DE LA ROCHEFOUCAULD. 1 vol. in-18.

PENSÉES ET SENTIMENTS sur quelques Psaumes choisis. 1 vol. in-18.

PENSÉES OU RÉFLEXIONS CHRÉTIENNES POUR TOUS LES JOURS DE L'ANNÉE; par le P. Nepveu. 4 vol. in-12.

PENSÉES SUR LA RELIGION et sur quelques autres sujets; par Pascal. 1 vol. in-12.

PENSÉES SUR LES PLUS IMPORTANTES VÉRITÉS DE LA RELIGION et sur les principaux devoirs du christianisme; par le P. Humbert. 1 vol. in-12.

PENSÉES THÉOLOGIQUES relatives aux erreurs du temps; par le P. Jamin. 1 vol. in-12.

PENSEZ-Y-BIEN, ou Réflexions sur les quatre fins dernières. 1 vol. in-18.

PERE KEING (le); par M. l'abbé H. 2 vol. in-18.

PERFECTION CHRÉTIENNE. (*Voyez* Pratique.)

PERROQUET (le), imité de l'allemand de M. l'abbé Nelk. 1 vol. in-32.

PERSÉCUTIONS ET SOUFFRANCES DE L'ÉGLISE CATHOLIQUE EN RUSSIE; ouvrage appuyé de documents inédits; par un ancien Conseiller d'État de Russie. 1 vol. in-8.

PERSÉVÉRANCE CHRÉTIENNE, ou Moyen d'assurer les fruits de la première communion; par le directeur des catéchismes de la paroisse Saint-Sulpice, à Paris. 1 vol. in-12.

PETERS, ou Épisode d'un voyage en Suisse; par J. M. 1 vol. in-18.

PETIT BARIL D'ENCRE (le), imité de l'allemand. 1 vol. in-32.

PETIT BERGER (le), imité de M. l'abbé M. 1 vol. in-18.

PETIT BOSSU (le) et la Famille du sabotier; par Made-demoiselle Ulliac Trémadeure. 2 vol. in-18.

PETIT CARÈME. (*Voyez* Carême.)

PETIT COURS DE MORALE pour l'éducation de la jeunesse. 1 vol. in-18.

PETIT COURS D'HISTOIRE SAINTE; par M. Ed. Herbet; revu et augmenté par M. l'abbé de Roquefeuil. 1 vol. in-12.

PETITE ALGÈBRE; par M. Meissas. 1 vol. in-18.

PETITE BOTANIQUE; par M. Meissas. 1 vol. in-18.

PETITE CHIMIE; par M. Meissas. 1 vol. in-18.

PETITE COSMOGRAPHIE; par M. Meissas. 1 vol. in-18.

PETIT ERMITE (le); par Schmid. 1 vol. in-32.

PETITE SOCIÉTÉ SAVANTE (la); par Madame Mallès de Beaulieu. 1 vol. in-12.

PETITE ZOOLOGIE; par M. Meissas. 1 vol. in-18.

PETIT MOUTON (le); par Schmid. 1 vol. in-32.

LE MÊME OUVRAGE, suivi du *Ver luisant;* par le même. 1 vol. in-18.

PEUPLE RAMENÉ A LA FOI par des raisons et des exemples (le); par le comte de M.; revu par M. L.-F. Guérin. 2 vol. in-18.

PHILOMÈNE (Sainte), ou la Thaumaturge du xixᵉ siècle. 1 vol. in-18.

PHYSIQUE (Entretiens sur la) et sur ses applications les plus curieuses; par M. Ducoin-Girardin. 1 vol. in-8.

PHYSIQUE (Nouveaux éléments de); par M. Meissas. 1 vol. in-12.

PHYSIQUE (Petite), contenant toutes les notions nécessaires pour les usages de la vie et l'étude des sciences naturelles; par M. Meissas. 1 vol. in-18.

PIERRE COEUR, suivi de *Georges et Louis,* ou l'Orgueil vaincu par la générosité. 1 vol. in-18.

PIERRE DESBORDES, ou le Danger des mauvaises liaisons; par M. B. d'Exauvillez. 1 vol. in-18.

PIERRE SAINTIVE; par M. Louis Veuillot. 1 vol. in-12.

PIÉTÉ DES CHRÉTIENS ENVERS LES MORTS (De la). 1 vol. in-12.

PIÉTÉ FILIALE (la), ou Devoirs des enfants envers leurs parents. 2 vol. in-18.

PIEUSE OUVRIÈRE (la), ou Morale en action des jeunes filles; par M. l'abbé de la Bussière de Vancé. 1 vol. in-18.

PIEUSE PAYSANNE (la), édition suivie de la *Bonne journée.* 1 vol. in-12.

PLACIDE ET NARCISSE, ou Charité et égoïsme; par M. Fortunat. 1 vol. in-18.

PLAIDOYER RELIGIEUX, ou la Divinité de la confession attaquée par un vieil officier et défendue par un jeune avocat. 3 vol. in-18.

POÉSIES ALLEMANDES : Klopstock, Goethe, Schiller, Burger; morceaux choisis et traduits par M. Gérard. 1 vol. in-18.

POÉSIES CATHOLIQUES de saint Grégoire de Nazianze; traduites en vers par M. Victor de Perrodil. in-8.

POÉSIES (Choix de), avec une préface par M. Émile Deschamps. 1 vol. in-12.

POÉSIES DÉDIÉES A LA JEUNESSE; par M. Alexandre Guiraud. 1 vol. in-18.

POÉSIES ORIENTALES (Choix de); traduites en vers et en prose, de divers auteurs, et recueillies par M. Francisque Michel. 1 vol. in-18.

POIRE (la), imité de l'allemand de M. l'abbé Nelk. 1 vol. in-32.

POMMES (les); par Schmid. 1 vol. in-32.

PORTEFEUILLE ROSE (le), ou Lettres intimes de deux amies; par Mademoiselle Forgame. 1 vol. in-18.

POUVOIR DU PAPE sur les souverains au moyen-âge, ou Recherches historiques sur le droit public de cette époque relativement à la déposition des princes; par M***, directeur au séminaire de Saint-Sulpice. 1 vol. in-8.

PRASCOVIE, ou la Piété filiale, histoire russe, par M. ***, suivie de Mélanges, par M. B. d'Exauvillez. 1 vol. in-12.

PRATIQUE DE L'AMOUR ENVERS JÉSUS-CHRIST, tirée des paroles de saint Paul : *Caritas patiens est, benigna est,* présentée aux ames qui désirent assurer leur salut éternel et tendre à la perfection; par S. Liguori. 1 vol. in-18.

PRATIQUE DE LA PERFECTION CHRÉTIENNE; par le P. Rodriguez. 6 vol. in-12.

LE MÊME OUVRAGE. 6 vol. in-18.

LE MÊME OUVRAGE, abrégé par le P. Tricalet. 2 vol. in-12.

PRATIQUES DE PIÉTÉ pour six dimanches consécutifs, en l'honneur de saint Louis de Gonzague. 1 vol. in-18.

PRÉCIEUX SOUVENIRS (les); par M. L.-F. Guérin. 1 vol. in-18.

PRÉCIS D'ANTIQUITÉS LITURGIQUES, ou le Culte aux premiers siècles de l'Eglise; par M. l'abbé Charvoz. 1 vol. in-12.

PRÉDICATEUR DE L'AMOUR DE DIEU (le); par le P. Surin. 1 vol. in-12.

PRÉÉMINENCE DE LA LOI RELIGIEUSE SUR LA LOI CIVILE, ou Essai philosophique sur leurs rapports avec la naissance, le mariage et le décès; par **J.-P. Ducros** (de Sixt). 1 vol. in-8.

PRÉSENCE DE DIEU (De la), qui renferme tous les principes de la vie intérieure; par le **P. de Gonnelieu.** 1 vol. in-18.

PRÉSERVATIF CONTRE L'INCRÉDULITÉ, ou Lettres d'un père à son fils sur la religion; par **M. B. d'Exauvillez.** 1 vol. in-12.

PREUVES DE LA RELIGION (Éléments des), en forme de dialogue entre un père et ses enfants. 1 vol. in-12.

PREUVES HISTORIQUES DE LA RELIGION CHRÉTIENNE, pour lui servir d'apologie contre les sophismes de l'irréligion; ouvrage destiné à l'éducation de la jeunesse, par Beauzée; suivi d'extraits de diverses lettres de Fénelon, et des entretiens de ce prélat avec Ramsai. 1 vol. in-12.

PREUVES SIMPLES ET CLAIRES DE LA DIVINITÉ DE JÉSUS-CHRIST; suivies de *Mélanie et Lucette.* 1 vol. in-12.

PRÉVENTION ET DÉVOUEMENT, ou Lettres d'une jeune personne à son institutrice; par Madame Manceau. 1 vol. in-12.

PRIÈRES CHRÉTIENNES EN FORME DE MÉDITATIONS sur tous les mystères de Notre-Seigneur et de la sainte Vierge, et sur les dimanches et les fêtes de l'année. 1 vol. in-12.

PRIÈRES ET CÉRÉMONIES DE LA MESSE (Explication des); par le **P. Lebrun.** 2 vol. in-12.

PRIÈRES ET CÉRÉMONIES DES ORDINATIONS, à l'usage des fidèles qui assistent aux ordinations; par **M. l'abbé D.** 1 vol. in-18.

PRIÈRES ET INSTRUCTIONS CHRÉTIENNES à l'usage des enfants. 1 vol. in-18.

PRIÈRES ET INSTRUCTIONS CHRÉTIENNES, avec un abrégé de l'histoire sainte. 1 vol. in-12.

PRINCIPES DE LA PHILOSOPHIE DE L'HISTOIRE ; par M. l'abbé Frère. 1 vol. in-8.

PRINCIPES DE L'ARPENTAGE, du nivellement et de la construction des cadrans solaires ; par M. Meissas. 1 vol. in-12.

PRINTEMPS (le) ; par Mademoiselle Brun. 2 vol. in-18.

PROBLÈMES proposés à tous les âges et à toutes les conditions, extraits de la 2ᵉ édition de *Mes doutes*. 1 vol. in-32.

PROCÈS dans un (les trois), ou la Religion et la royauté poursuivies dans les Jésuites. 1 vol. in-8.

PRONES ET INSTRUCTIONS FAMILIÈRES ; par M. Cochin. 4 vol. in-12.

PROTESTANTISME (le) aux prises avec la doctrine catholique, ou Controverses avec plusieurs ministres anglicans, membres de l'Université d'Oxford, soutenues par M. l'abbé Jager. 1 vol. in-8.

PROVIDENCE (la) révélée par ses moindres ouvrages, ou Tableau des mœurs des insectes ; par M. V. Rendu. 1 vol. in-12.

PSAUMES DE DAVID (le sens propre et littéral des), exposé brièvement dans une interprétation suivie, avec le sujet de chaque Psaume ; par le P. J.-P. Lallemant ; nouvelle édition, augmentée de notes tirées de la 2ᵉ édition de l'ouvrage de M. Viguier, intitulé : *Exposition du sens primitif des Psaumes*. 1 vol. in-12.

PSAUMES DE DAVID (les) et les Cantiques de l'Église, traduits, avec de courtes notes ou explications littérales, historiques et morales, tirées des auteurs sacrés et de S. Jérôme. 1 vol. in-12.

PSAUMES DE DAVID (les) qui se chantent à none et aux vêpres du dimanche, avec une explication suivant le texte hébreu, l'explication du *Magnificat*, et une analyse du Psaume 118. 1 vol. in-12.

PSAUMES DE DAVID (Traduction nouvelle des) faite sur l'hébreu, justifiée par des remarques sur le génie de la langue; par M. Langeois. 2 vol. in-12.

PSAUMES (les), traduction nouvelle par M. de Genoude. 1 vol. in-8.

PSAUTIER DE LA SAINTE VIERGE, composé par saint Bonaventure; traduit par le P. de Galliffet, distribué pour tous les jours de la semaine. 1 vol. in-18.

PSAUTIER EN FRANÇAIS (le), traduction nouvelle, avec des notes pour l'intelligence du texte, et des arguments à la tête de chaque Psaume; précédée d'un discours sur l'esprit des livres saints et le style des prophètes; ouvrage destiné principalement à l'usage des fidèles qui ne peuvent lire les Psaumes qu'en français, et distribué suivant l'ordre des offices de la semaine, par La Harpe. 1 vol. in-12.

PUISSANCE DE LA CROIX (la). 1 vol. in-18.

Q

QUATRE HISTOIRES (les), ou Que la religion inspire bien; par M. ***, ancien conseiller à la cour royale de .... 1 vol. in-18.

QUE LA RELIGION EST AIMABLE! ou Récréations de la jeunesse catholique; par M. ***, ancien conseiller à la cour royale de P.... 1 vol. in-18.

QUELEN (M. de) pendant dix ans; par M. Bellemare.
1 vol. in-8. (*Voyez* Vie de Mgr de Quelen.)

QUELQUES SEMAINES EN ITALIE; par l'auteur d'*Antoine*, ou *le Retour au village*. 2 vol. in-12.

QUENTIN DURWARD; par Walter Scott; édition abrégée par M. d'Exauvillez. 1 vol. in-12.

QUINZAINES DE MAI (Les deux), ou les Fleurs du Carmel et la Couronne de Marie; par M. Camille de Lormond. 1 vol. in-18.

R

RAISON DU CHRISTIANISME (la), ou Preuves de la vérité de la religion tirées des écrits des plus grands hommes de la France, de l'Angleterre et de l'Allemagne; ouvrage publié par M. de Genoude. 3 vol. in-4.

RÉCITS DU CHATEAU (les), dédiés à la jeunesse des deux sexes; par M. B. d'Exauvillez. 1 vol. in-12.

RÉCITS ET IMPRESSIONS DE VOYAGE; par M. X. 1 vol. in-18.

RECUEIL DE LA MORT FUNESTE des impies les plus célèbres. 1 vol. in-18.

RECUEIL DE MORTS ÉDIFIANTES. 1 vol. in-18.

RECUEIL DE RÉFUTATIONS. (*Voyez* ce mot.)

RECUEIL DES ORAISONS FUNÈBRES. (*Voyez* ces mots.)

RÉDEMPTION DU GENRE HUMAIN, annoncée par les traditions et les croyances religieuses; figurée par les sacrifices de tous les peuples; ouvrage qui sert d'appendice aux *Soirées de Saint-Pétersbourg*; traduit de l'allemand de H.-J. Schmitt; par M. Henrion. 1 vol. in-8.

RÉFLEXIONS CHRÉTIENNES sur divers sujets de morale, utiles à toutes sortes de personnes, et particulièrement à celles qui font la retraite spirituelle un jour chaque mois; par le P. Croiset. 2 vol. in-12.

RÉFLEXIONS DOGMATIQUES ET PRATIQUES sur tous les évangiles des dimanches et des principales fêtes de l'année, et aussi sur les principales fêtes de la sainte Vierge. 1 vol. in-12.

RÉFLEXIONS D'UN SOLITAIRE sur le prêtre catholique, le célibat, etc. 1 vol. in-18.

RÉFLEXIONS, SENTIMENTS ET PRATIQUES DE PIÉTÉ sur les sujets les plus intéressants de la morale chrétienne; par M. l'abbé Baudrand. 1 vol. in-18.

RÉFLEXIONS SUR LA MISÉRICORDE DE DIEU; par Madame la duchesse de la Vallière. 1 vol. in-12. (*Voyez* Vie pénitente.)

LE MÊME OUVRAGE. 1 vol. in-18.

RÉFLEXIONS SUR L'ÉTAT DE LA SOCIÉTÉ; par un ancien député. 1 vol. in-12.

RÉFRACTAIRE (le). 2 vol. in-18.

RÉFUTATIONS (Recueil de) des principales objections tirées des sciences et dirigées contre les bases de la religion chrétienne par l'incrédulité moderne; par M. L. de Rouen, baron d'Alvimare, lieutenant-colonel en retraite, chevalier de Saint-Louis et de la Légion-d'Honneur. 1 vol. in-8.

RÉGIME DE VIE SPIRITUELLE, contenant tout ce qu'il faut faire après sa conversion pour persévérer jusqu'à la mort; par le P. Honoré de Carmes. 1 vol. in-12.

RÉGLEMENT DE VIE pour les personnes du monde qui veulent mener une vie chrétienne. In-8.

RÈGLES CHRÉTIENNES pour faire saintement toutes ses actions. 1 vol. in-12.

13

RÈGLES DE LA VIE CHRÉTIENNE, d'après les livres saints et les auteurs catholiques les plus approuvés, ou Lettres spirituelles à une dame anglaise protestante convertie à la foi catholique; par M. l'abbé Prémord; traduit de l'anglais par M. l'abbé Busson. 2 vol. in-12.

RÈGLES ET CONSTITUTIONS des Dames de la Visitation; par saint François de Sales. In-8.

REGRETS, ESPÉRANCES ET CONSOLATIONS d'une âme chrétienne; par M. Victor d'Anglars. 1 vol. in-18.

REGRETS ET CONSOLATIONS; par M. B. d'Exauvillez. 1 vol. in-18.

RELATION de ce qu'ont souffert pour la religion les prêtres détenus en 1794 et 1795, pour refus de serment, à bord des vaisseaux les *Deux-Associés* et le *Washington*. 1 vol. in-8.

RELATION de l'image de la sainte Vierge par saint Luc; par M. Menghi d'Arville. In-8.

RELATION des missions du Paraguay, traduite de l'italien de Muratori. 1 vol. in-12.

RELIGIEUSES CARMÉLITES de Compiègne (les) conduites à l'échafaud le 17 juillet 1794; ouvrage posthume de la sœur Marie de l'Incarnation. 1 vol. in-12.

RELIGION, HISTOIRE, POÉSIE; par M. Poujoulat. 1 vol. in-8.

RELIGION CATHOLIQUE (de la) considérée comme condition indispensable au bonheur des peuples; par M. B. d'Exauvillez. 1 vol. in-8.

RELIGION CHRÉTIENNE (la) autorisée par le témoignage des anciens auteurs païens, par le P. Dominique de Colonia; 2e édition, revue et précédée d'une notice historique par M. l'abbé Laboudaire. 1 vol. in-8.

RELIGION CHRÉTIENNE (la) connue dans ses principales preuves, et pratiquée d'après les Pères de l'Église, ouvrage utile aux personnes de tout sexe et de tout état, propre à nourrir la piété dans le cœur des fidèles ; suivi d'une notice sur les persécutions des quatre premiers siècles, et sur les hérésies. 1 vol. in-12.

RELIGION CHRÉTIENNE (la) démontrée par l'apostolat de saint Paul, ouvrage traduit de l'anglais de George Lyttelton, avec deux discours sur l'excellence intrinsèque de l'Écriture sainte, traduits de l'anglais de Jérémie Seed. 1 vol. in 12.

RELIGION CHRÉTIENNE prouvée par un seul fait (la). 1 vol. in-12.

RELIGION DÉMONTRÉE ET DÉFENDUE (la), ou Nouveau traité complet de la religion, par Mgr Alexandre Tassoni, auditeur de Rote ; traduit sur la 4ᵉ édition italienne, par M. l'abbé Robinot. 4 vol. in-8.

RELIGION DU COEUR (la), exposée dans les sentiments qu'une tendre piété inspire, avec de courtes élévations pour toutes les situations où l'on peut se trouver, à l'usage des personnes du monde ; par le chevalier de Lasne d'Aiguebelles. 1 vol. in-18.

RELIGION EXPLIQUÉE AUX ENFANTS (la), après leur première communion ; par M. B. d'Exauvillez. 1 vol. in-18.

RELIGION (la), poème, suivi du poème sur *la grâce,* et d'autres pièces ; par Louis Racine. 1 vol. in-18.

LE MÊME OUVRAGE, suivi d'*Esther* et d'*Athalie,* par Racine, et de *Polyeucte,* par P. Corneille. 1 vol. in-18.

RELIGION PRÉSENTÉE AU COEUR (la) ; par Mademoiselle Brun. 2 vol. in-18.

RELIGION RÉVÉLÉE (De la), ou de la nécessité, des caractères et de l'authenticité de la révélation ; par P.-G. Herluison. 1 vol. in-8.

RENÉ, ou la Charité récompensée. 1 vol. in-18.

RÉPONSES CRITIQUES à plusieurs difficultés proposées par les nouveaux incrédules sur divers endroits des livres saints; par Bullet. 4 vol. in-12.

RÉSIGNATION; par M. Sabatier de Castres. 1 vol. in-18.

RÉSUMÉS D'HISTOIRE NATURELLE; par M. Meissas. (*Voyez* Chimie, Météorologie, Minéralogie, Zoologie.)

RETRAITE DE DIX JOURS, en forme de méditations sur l'état de l'homme sans Jésus-Christ et avec Jésus-Christ, pour disposer à célébrer saintement la fête de Noël. 1 vol. in-12.

RETRAITE DE LA PENTECOTE, pour disposer les fidèles à cette solennité; par M. Le Courtier, curé des Missions-Étrangères. 1 vol. in-18.

RETRAITE POUR LES DAMES; par le P. Guilloré. 1 vol. in-12.

RETRAITE SELON L'ESPRIT ET LA MÉTHODE DE S. IGNACE; par le P. Nepveu. 1 vol. in-12.

RETRAITE SUR NOTRE SEIGNEUR JÉSUS-CHRIST; par le P. Nepveu. 1 vol. in-12.

RETRAITES IMPORTANTES AU SALUT sur la nécessité d'observer la loi de Dieu, sur le choix d'un état, sur la préparation à la mort, etc.; par M. l'abbé Robine. 1 vol. in-12.

RHÉTORIQUE DES DEMOISELLES; par M. V. Doublet. 1 vol. in-18.

RICHESSE ET PAUVRETÉ; par Madame Wanderburk. 1 vol. in-12.

RICHESSE ET PAUVRETÉ, imité de l'allemand du chanoine Damien. 1 vol. in-32.

ROBERTSON DE LA JEUNESSE (le), abrégé de l'histoire d'Amérique depuis sa découverte jusqu'à nos jours. 1 vol. in-12.

ROBINSON CRUSOÉ (Aventures de). (*Voyez* Aventures.)

ROBINSON DES SABLES DU DÉSERT (le), ou Voyage d'un jeune naufragé sur les côtes et dans l'intérieur de l'Afrique, offrant le tableau résumé des curiosités naturelles, des mœurs, usages et coutumes de ces contrées; par M. de Mirval. 1 vol. in-12.

ROBINSON SUISSE, ou Histoire d'une famille suisse naufragée; par Wyss; traduction de Frédérich Muller, revue par une société d'ecclésiastiques. 2 vol. in-12.

ROB-ROY, par Walter Scott; édition abrégée par M. B. d'Exauvillez. 1 vol. in-12.

ROMANS (Instruction sur les); par M. l'abbé Hulot. 1 vol. in-18.

ROME ET LORETTE; par M. Louis Veuillot. 2 vol. in-12.

ROSA DE TANNEBOURG, anecdote du moyen-âge. 1 vol. in-12.

ROSAIRE MÉDITÉ (Le saint), suivi de quelques poésies en l'honneur de la très-sainte vierge Marie, mère de Dieu; par M. Louis Veuillot. 1 vol. in-18.

ROSALIE DE PALERME; traduit de l'allemand. 1 vol. in-32.

ROSE ET LUCIE, ou Candeur et simplicité; par Madame de Sainte-Marie. 1 vol. in-18.

ROSE DE ROME (la), imité de l'allemand du chanoine Damien. 2 vol. in-32.

ROSE DE TANNEBOURG; par Schmid. 1 vol. in-18.

ROSE ET JOSÉPHINE; Nouvelle historique (1812-1815); par Madame M.-G. E. 1 vol. in-12.

ROSIER (le); par Schmid. 1 vol. in-32.

Le même ouvrage, suivi de *la Mouche*. 1 vol. in-18.

ROSIER DE MAI (le), ou la Guirlande de Marie; par M. A. Constant. 1 vol. in-18.

ROSSIGNOL (le); par Schmid. 1 vol. in-32.

LE MÊME OUVRAGE, suivi des *Deux frères*. 1 vol. in-18.

ROUSSEAU (J.-J.) apologiste de la religion chrétienne; par M. l'abbé Martin du Theil. 1 vol. in-8.

RUDOLPHE, ou l'Enfant de bénédiction; par M. P. Marcel. 1 vol. in-18.

RUINES MORALES ET INTELLECTUELLES (les); méditations sur la philosophie et l'histoire; par M. A. Nettement. 1 vol. in-8.

S

SACREMENTS DE PÉNITENCE ET D'EUCHARISTIE (Du saint et fréquent usage des); par le P. Pallu. 1 vol. in-12.

SACRIFICE DE FOI ET D'AMOUR au saint sacrement de l'autel; par le P. Gourdan. 1 vol. in-12.

SAGESSE DE L'ÉGLISE CATHOLIQUE dans la canonisation des saints; par M. Henri de Bonald. 1 vol. in-18.

SANDFORD ET MERTON; par Berquin. 2 vol. in-18.

SEIGNEUR (le) EST MON PARTAGE! ou Lettres sur la persévérance après la première communion; par l'auteur du *Grand jour approche*. 1 vol. in-18.

SEMAINE D'UNE PETITE FILLE (la); par Mademoiselle Louise d'Aulnay. 1 vol. in-18.

SENTENCES DE PUBLIUS SYRUS; traduites en français par Francis Levasseur (le latin en regard). 1 vol. in-32.

SENTIMENTS CHRÉTIENS propres aux personnes malades et infirmes, pour se sanctifier dans leurs maux et se préparer à une bonne mort. 1 vol. in-12.

SENTIMENTS D'UNE AME PÉNITENTE sur le Psaume *Miserere mei Deus*, et le retour d'une ame à Dieu. 1 vol. in-18.

SENTIMENTS D'UN CHRÉTIEN touché d'un véritable amour de Dieu, tirés de divers passages de l'Écriture sainte, et représentés par 46 figures en taille-douce. 1 vol. in-12.

SÉPHORA, ou Rome et Jérusalem, épisode de l'histoire des Juifs; par M. Adrien Lemercier. 1 vol. in-12.

SEPT VERTUS (les), ou Science du bonheur; par Madame Hermance Lesguillon. 1 vol. in-18.

SERIN (le); par Schmid. 1 vol. in-32.

LE MÊME OUVRAGE, suivi de la *Chapelle de la forêt*. 1 vol. in-18.

SERMON ENTRE DEUX HISTOIRES (un); par M. G. Olivier. 1 vol. in-18. (R.)

SERMONS CHOISIS DE BOSSUET, précédés d'un Discours préliminaire par le cardinal Maury. 1 vol. in-12.

SERMONS DE M. L'ABBÉ LEGRIS-DUVAL, précédés d'une Notice sur sa vie par M. le cardinal de Bausset. 2 vol. in-12.

SERMONS DU P. LAROCHE pour l'Avent. 1 vol. in-12.

SERMONS DU P. DE NEUVILLE. 8 vol. in-12.

SERMONS ET CONFÉRENCES; par M. de Genoude. 1 vol. in-8.

SERMONS ET ENTRETIENS CHOISIS DE FÉNELON, précédés de ses *Dialogues sur l'éloquence* en général, et sur celle de la chaire en particulier. 1 vol. in-12.

SERMONS SUR LES FÊTES DE LA SAINTE VIERGE, prêchés par le P. Texier. 1 vol. in-8.

SERVANTES (Vies des saints militaires, ouvriers.) 1 vol. in-12.

SERVICES QUE LES FEMMES PEUVENT RENDRE A LA RELIGION, ouvrage suivi de la *Vie des dames françaises les plus illustres en ce genre dans le* xviie *siècle.* 1 vol. in-12.

SETMA, ou la Jeune fille turque; imité de l'allemand. 1 vol. in-32.

SILVA, ou l'Ascendant de la vertu; par l'auteur de *Lorenzo.* 1 vol. in-18. (*Voyez* Solitaires d'Isola-Doma.)

SIX JOURS (les), ou Leçons d'un père à son fils sur l'origine du monde d'après la Bible; par M. L.-F. Jauffret. 2 vol. in-18.

SOEUR LÉOCADIE, ou Modèle d'une bonne religieuse. 1 vol. in-18.

SOIRÉE D'HIVER (une). 1 vol. in-18.

SOIRÉE EN FAMILLE (une); par Madame la princesse de Craon. 1 vol. in-12.

SOIRÉES DE MONTLHÉRY (les), Entretiens sur les origines bibliques, recueillis et publiés par M. Desdouits. 1 vol. in-8.

SOIRÉES DE ROSEBELLE (les), ou Jolies histoires rapportées par une bonne mère pour former le cœur de ses enfants; par Madame Touchard. 1 vol. in-12.

SOIRÉES DE SAINT-PÉTERSBOURG, ou Entretiens sur le gouvernement temporel de la Providence, suivies d'un Traité sur les sacrifices; par M. le comte de Maistre. 2 vol. in-8.

SOIRÉES DE SEPTEMBRE (les), ou la Bibliothèque de l'enfance. 1 vol. in-18.

SOIRÉES DU GRAND-PAPA; par M. A.-E. de Saintes. 2 vol. in-12.

SOIRÉES DU PÈRE DE FAMILLE (les), ou la Morale de l'Évangile mise en action dans une suite d'anecdotes historiques; par M. Champagnac. 1 vol. in-12.

SOIRÉES ROMAINES (les), ou Cinq Nouvelles religieuses; traduites de l'italien. 1 vol. in-18.

SOIRÉES VILLAGEOISES; par M. l'abbé G. 1 vol. in-12.

SOLILOQUES (les), ou le Manuel et les méditations de saint Augustin. 1 vol. in-12.

SOLITAIRE DES VOSGES (le). 2 vol. in-18.

SOLITAIRES D'ISOLA-DOMA (les), suite de *Silva, ou l'Ascendant de la vertu.* 1 vol. in-18.

SOLITAIRE DU MONT-CARMEL (le), épisode des premiers temps du christianisme. 1 vol. in-18.

SOPHIE, ou les Bienfaits de la Providence; par M. E. W. 1 vol. in-18.

SOUFFRANCES DE NOTRE SEIGNEUR JÉSUS-CHRIST, ouvrage écrit en portugais par le P. Thomas de Jésus, traduit en français par le P. Alleaume. 2 vol. in-12.

LE MÊME OUVRAGE. 4 vol. in-12.

SOUFFRANCES ET CONSOLATIONS, méditations à l'usage des malades. 1 vol. in-18.

SOUVENIR (le); imité de l'allemand de M. l'abbé Hagelsperger. 1 vol. in-32.

SOUVENIRS DE L'AMITIÉ, ou Vie et opuscules de P.-L. Arondineau. 2 vol. in-12.

SOUVENIRS (Mes), précis de ma conversion au catholicisme, adressé à Mademoiselle Marie V. 1 vol. in-18.

SOUVENIRS DES CONFÉRENCES données par M. l'abbé Soimié à la cathédrale de Strasbourg, sur la vérité et la civilisation. In-12.

SOUVENIRS DU GRAND PAPA (les), suite des *Dimanches du vieux Daniel*; par Mademoiselle Ulliac Tremadeure. 2 vol. in-18.

SOUVENIRS D'UN PETIT ENFANT, contes à la jeunesse; par Mademoiselle Elise Moreau. 1 vol. in-18.

14

SOUVENIRS DE VOYAGES. (*Voyez* ce mot.)

SOUVENIRS DU CALVAIRE; par M. l'abbé Oudoul. 1 vol. in-18.

SPECTACLE DE LA NATURE, ou Entretiens sur les particularités de l'histoire naturelle. 7 vol. in-12, planches nombreuses.

SPECTACLES (Instruction sur les); par M. l'abbé Hulot. 1 vol. in-18.

STANISLAS ET BRONISLAVA, histoire polonaise. 1 vol. in-32.

STATUE DE SAINT GEORGE (la), imité de l'allemand de M. F. W. 1 vol. in-32.

STÉPHANE; par M. Zaghelli. 1 vol. in-18.

STÉPHANIE (la jeune); par Schmid. 1 vol. in-32.

T

TABLEAU DE LA GRÈCE EN 1825; traduit de l'anglais par M. Jean Cohen. 1 vol. in-8.

TABLEAU DES CATACOMBES DE ROME, où l'on donne la description de ces cimetières sacrés, avec l'indication des principaux monuments d'antiquité chrétienne, en peinture et en sculpture, et celle des autres objets qu'on en a retirés; par M. Raoul-Rochette. 1 vol. in-12.

TABLEAU DES FÊTES DE LA REINE DU CIEL; par M. L.-F. Guérin. 1 vol. in-18.

TABLEAU DES PERSÉCUTIONS DE L'ÉGLISE pendant les trois premiers siècles de l'ère chrétienne; publié par M. l'abbé H. 1 vol. in-12.

TABLEAU GÉNÉRAL DES PRINCIPALES CONVERSIONS qui ont eu lieu parmi les protestants depuis le commencement du xixe siècle. 1 vol. in-12. (1827.)

LE MÊME OUVRAGE, 2ᵉ édition, refondue et considérablement augmentée. 2 vol. in-18.

TABLEAU HISTORIQUE de la décadence et de la destruction du paganisme en occident, de Constantin à Charlemagne; par M. Max. de Montrond. 1 vol. in-12.

TABLEAU POÉTIQUE DES FÊTES CHRÉTIENNES ; par M. le vicomte Walsh. 1 vol. in-8.

TABLETTES ANECDOTIQUES DU PRESBYTÈRE (les), ou Recueil intéressant de petites anecdotes, etc. 1 vol. in-18.

TANTE MARGUERITE (la), ou Six mois en Normandie ; par Mademoiselle Eulalie Benoît. 1 vol. in-18.

TÉLÉMAQUE (les aventures de); par Fénelon. 2 vol. in-8. (R.)

TÉLÉMAQUE (les Aventures de); par Fénelon ; suivies des *Aventures d'Aristonoüs*, édition revue avec soin et augmentée de variantes et d'une table mythologique et géographique. 1 vol. in-12.

TÉMOINS DE LA RÉSURRECTION DE JÉSUS-CHRIST (les), examinés et jugés selon les règles du barreau. 1 vol. in-12.

TENDRESSE MATERNELLE (la); par Madame de Sainte-Marie. 1 vol. in-18.

THAUMATURGE DU XIXᵉ SIÈCLE (la), ou Sainte Philomène, vierge et martyre. 1 vol. in-18.

THÉOBALD, ou l'Enfant charitable ; par M. E. W. 1 vol. in-18.

THÉODORA, précédé des *OEufs de Pâques*; par Schmid. 1 vol. in-18.

THÉOPHILE LE PETIT ERMITE ; par Schmid. 1 vol. in-18.

THÉRÈSE, ou la Petite sœur de charité ; par M. A.-E. de Saintes. 1 vol. in-12.

THOMAS DE CANTORBÉRY ET BACON (Saint); par M. Ozanam. 1 vol. in-12.

TILLEUL (le), ou l'Oubli des injures ; par l'auteur du *Bouquet de roses*. 1 vol. in-18.

TOBIE, poème ; par M. Le Clerc. 1 vol. in-18.

TORTS DU PROTESTANTISME ENVERS LES PEUPLES; par M. Masse. 1 vol. in-18.

TRADUCTION NOUVELLE DES PSAUMES DE DAVID, faite sur l'hébreu, justifiée par des remarques sur le génie de la langue ; par M. Langeois. 2 vol. in-12.

TRAITÉ contre l'amour des parures et le luxe des habits. 1 vol. in-18.

TRAITÉ DE GÉOLOGIE (Nouveau). (*Voyez* Géologie.)

TRAITÉ DE LA CONFIANCE EN LA MISÉRICORDE DE DIEU, pour la consolation des ames que la crainte de la justice de Dieu jette dans le découragement; par Mgr Languet, archevêque de Sens. 1 vol. in-12.

LE MÊME OUVRAGE, suivi d'un *Traité du faux bonheur des gens du monde et du vrai bonheur de la vie chrétienne*. 1 vol. in-12.

TRAITÉ DE L'AMOUR DE DIEU ; par saint François de Sales. 2 vol. in-12.

TRAITÉ DE L'ANALYSE, OU DE LA RÉSOLUTION DE LA FOI DIVINE ET CATHOLIQUE dans son premier principe, et des règles infaillibles de notre foi, pour servir de réponse à la prétendue *Véritable analyse de la foi* du ministre Jurieu, avec un autre *Traité de l'essence et des marques distinctives de la véritable Église de Jésus-Christ*. In-12. (Le tome 1er seul.)

TRAITÉ DE LA PAIX INTÉRIEURE; par le P. de Lombez. 1 vol. in-12.

TRAITÉ DE LA SANCTIFICATION DES DIMANCHES ET DES FÊTES; par M. l'abbé J. Marguet. 1 vol. in-18.

TRAITÉ DE LA VRAIE DÉVOTION A LA SAINTE VIERGE; par le vénérable Grignon de Montfort. 1 vol. in-18.

TRAITÉ DE LECTURE CHRÉTIENNE, dans lequel on expose des règles propres à guider les fidèles dans le choix des livres, et à les leur rendre utiles; par dom Nicolas Jamin. 1 vol. in-18.

TRAITÉ DE L'ORAISON ET DE LA MÉDITATION, contenant les considérations que l'on peut faire sur les principaux mystères de notre foi, avec trois petits traités touchant l'excellence des principales parties de la pénitence, qui sont la prière, le jeûne et l'aumône; par le P. Louis de Grenade. 2 vol. in-8.

TRAITÉ DE MORALE; par M. Ambroise Rendu. 1 vol. in-8.

LE MÊME OUVRAGE. 1 vol. in-12.

TRAITÉ DOGMATIQUE ET PRATIQUE DES INDULGENCES, des confréries et du jubilé, à l'usage des fidèles; par Mgr Bouvier, évêque du Mans. 1 vol. in-18.

TRAITÉ DU CHOIX ET DE LA MÉTHODE DES ÉTUDES; par l'abbé Fleury; publié par M. Laurentie. 1 vol. in-18.

TRAITÉ SUR LE PETIT NOMBRE DES ÉLUS, dans lequel l'unanimité des Pères de l'Église est établie et prouvée par leurs propres textes. 1 vol. in-12.

TRAITÉ THÉORIQUE ET PRATIQUE DE L'ORAISON MENTALE, d'après l'enseignement de M. l'abbé Duclaux; par M. l'abbé de Lestang. 1 vol. in-18.

TRAITÉS contre les danses et les mauvaises chansons. (*Voyez* ces mots.)

TRAPPE MIEUX CONNUE (la), ou aperçu descriptif et raisonné sur le monastère de la Maison-Dieu, Notre-Dame de la Trappe, près Mortagne ; par M. P.; précédé d'une introduction par M. l'abbé Deguerry, suivi d'une ode par M. le comte de Marcellus, et orné du portrait de l'abbé de Rancé et d'un *fac simile* de son écriture. 1 vol. in-8.

TRAPPISTES DU GARD (les). In-8.

TRÉSOR DE PATIENCE caché dans les plaies de Jésus-Christ (le); traduit du portugais du P. Almeida, par M. l'abbé Jamet. 1 vol. in-18.

TRÉSOR DES FAMILLES CHRÉTIENNES (le); par Madame Leprince de Beaumont. 1 vol. in-12.

Le même ouvrage. 1 vol. in-18.

TRÉSOR LITTÉRAIRE DES JEUNES PERSONNES, choix de morceaux de prose et de poésie extraits des ouvrages des femmes les plus célèbres, avec une notice sur chaque auteur; par M. J. Duplessy. 1 vol. in-8.

TRÉSORS DE CONFIANCE EN DIEU. 1 vol. in-18.

TRIOMPHE DE L'ÉVANGILE, ou Mémoires d'un homme du monde revenu des erreurs du philosophisme moderne ; traduit de l'espagnol par M. Buynand des Échelles. 4 vol. in-12.

TROIS HÉROINES CHRÉTIENNES (les), ou Vies édifiantes de trois jeunes demoiselles. 1 vol. in-18.

TROIS ORPHELINES (les), nouvelles veillées du château ; par Madame Delafaye-Bréhier. 1 vol. in-12.

TROIS PROCÈS DANS UN (les), ou la Religion et la royauté poursuivies dans les Jésuites. 1 vol. in-8.

U

ULRIC, ou le Triomphe de la confession: par M. B. d'Exauvillez. 1 vol. in-18.

UN HONNÊTE HOMME ne doit-il jamais changer de religion ? Lettre de M. le comte de Maistre à une dame protestante ; suivie d'une autre lettre du même auteur à une dame russe sur la nature et les effets du schisme, et sur l'unité catholique. 1 vol. in-18.

URBAIN ET PAULA ; par Madame de Sainte - Marie. 1 vol. in-18.

URSULE DE MONTBRUN, ou Dieu et ma mère ; par Madame de Sainte-Marie. 1 vol. in-18.

V

VALENTINE, ou l'Ascendant de la vertu ; par Mademoiselle E. Benoît. 1 vol. in-18.

VALLÉE D'ALMÉRIA (la) ; par M. E. W. 1 vol. in-18.
LE MÊME OUVRAGE. 2 vol. in-32.

VARIÉTÉS PHILOSOPHIQUES, MORALES ET LITTÉRAIRES, ou Recueil d'articles choisis dans les meilleurs recueils périodiques en faveur de la religion contre la philosophie moderne. 2 vol. in-18.

VEILLE DE NOEL (la) ; par Schmid. 1 vol. in-18.
LE MÊME OUVRAGE. 1 vol. in-32.

VEILLÉE DU HAMEAU (Une). 2 vol. in-18.

VEILLÉES D'UNE MÈRE DE FAMILLE ; six Nouvelles, par Madame Manceau. 1 vol. in-12.

VEILLÉES GAULOISES, ou Derniers efforts des Gaulois devant Alise, contre l'invasion romaine ; par M. J.-L. Vincent. 1 vol. in-18.

VENDREDI (le) ; imité de l'allemand de M. O. Lemar. 1 vol. in-32.

VENGEANCE ET PARDON ; par M. Zaghelli. 1 vol. in-18.

VÉRITÉ (la) défendue et prouvée par les faits contre les calomnies anciennes et nouvelles. 1 vol. in-12.

VÉRITÉ CATHOLIQUE, ou Vue générale de la religion considérée dans son histoire et dans sa doctrine; par M. Nault, ancien procureur-général. 1 vol. in-12.

VER LUISANT (le), et la *Chapelle de la forêt;* par Schmid. 1 vol. in-32.

VÉRITÉ DE LA RELIGION CHRÉTIENNE (De la), à l'usage des gens du monde, et particulièrement de la jeunesse; par M. l'abbé Paulmier. 1 vol. in-12.

VER LUISANT (le), précédé du *Mouton;* par Schmid. 1 vol. in-18.

VERRE D'EAU (le); par Schmid. 1 vol. in-32.

VERTU RÉCOMPENSÉE (la) et le crime puni, ou le Bon Fridolin et le méchant Thierry; imité de Schmid par M. l'abbé Laurent. 1 vol. in-12.

VERTUS DE MARIE, ou Imitation de la sainte Vierge; par saint Liguori. 1 vol. in-18.

VÉTÉRANS (les), scènes armoricaines; par M. L. 1 vol. in-18.

VIE ABRÉGÉE de Mgr de Quelen; par M. B. d'Exauvillez. 1 vol. in-18. (*Voyez* Vie de Mgr de Quelen.)

VIE ABRÉGÉE DE N. S. J.-C. 1 vol. in-32.

VIE ABRÉGÉE (Éloge historique ou) de sainte Frémiot de Chantal. 1 vol. in-12. (*Voyez* Vie de sainte de Chantal.)

VIE DE CALIXTE FRÈZE; par M. B. d'Exauvillez. 1 vol. in-18.

VIE DE CONSTANCE DE CAILLEBOT, comtesse du Parc. 1 vol. in-12.

VIE DE DAVID, prophète et roi d'Israël. 1 vol. in-32.

VIE DE DOM ARMAND JEAN LE BOUTILLIER DE FRANCE, abbé et réformateur de l'abbaye de la Maison-Dieu, Notre-Dame de la Trappe; par le P. Le Nain. 1 vol. in-12.

VIE DE JEANNE D'ARC; par Mademoiselle A. Celliez. 1 vol. in-18. (*Voyez* Histoire de Jeanne d'Arc.)

VIE DE JÉSUS-CHRIST DANS L'EUCHARISTIE (la), et la vie des chrétiens qui se nourrissent de l'Eucharistie, ou les bontés et les miséricordes de Jésus-Christ dans l'Eucharistie, et les obligations des fidèles qui veulent participer avec fruit à ce divin sacrement; par M. l'abbé Girard de Villethierry. 1 vol. in-12.

VIE DE JÉSUS-CHRIST DANS NOS COEURS (la); par M. l'abbé L. 1 vol. in-32. (*Voyez* Vie de notre Seigneur Jésus-Christ.)

VIE DE LA BIENHEUREUSE MÈRE DE CHANTAL, fondatrice de l'ordre de la Visitation; par Marsollier. 2 vol. in-12. (*Voyez* Vie de sainte de Chantal.)

VIE DE LA SAINTE VIERGE mère de Dieu, tirée des saintes Écritures et des témoignages des saints Pères. 1 vol. in-12.

VIE DE LA SOEUR MARIE-LOUISE DE JÉSUS (Marie-Louise Trichet), supérieure des Filles de la Sagesse. 1 vol. in-32.

VIE DE LA TRÈS-SAINTE VIERGE. 1 vol. in-32.

VIE DE LA VÉNÉRABLE MÈRE AGNÈS DE JÉSUS, religieuse de l'ordre de saint Dominique; par M. de Lantages. 1 vol. in-12.

VIE DE LA VÉNÉRABLE MÈRE ANNE DE JÉSUS, compagne et coadjutrice de sainte Thérèse dans la réforme du Carmel; par M. l'abbé de Montis. 1 vol. in-12.

VIE DE LA VÉNÉRABLE MÈRE CATHERINE DE BAR,

dite en religion Mecthilde du Saint-Sacrement, institutrice des religieuses, de l'adoration perpétuelle. 1 vol.
in-1?.

VIE DE LOUIS XVI; par M. Gassier. 1 vol. in-18.

VIE DE LOUIS STÉFANELLI (Abrégé de la). 1 vol.
in-12.

VIE DE MADAME ÉLISABETH DE FRANCE. 1 vol.
in-32.

VIE DE MADAME ISABELLE, sœur de saint Louis, fondatrice de l'abbaye de Longchamps, avec une description historique de la fête de Longchamps. 1 vol. in-12.

VIE DE MADAME LOUISE DE FRANCE, religieuse
carmélite, fille de Louis XV; par M. l'abbé Proyart.
2 vol. in-12.

VIE DE MARIE-ANGÉLIQUE DE LA PROVIDENCE, ou
l'amour de Dieu seul; par M. Boudon. 1 vol. in-12.

VIE DE MARIE LECKZINZKA; par M. l'abbé Proyart.
1 vol. in-12.

VIE DE MOISE, législateur des Hébreux. 1 vol. in-32.

VIE DE Mgr DE JUIGNÉ, archevêque de Paris; par
M. l'abbé Lambert. 1 vol. in-8.

VIE DE Mgr DE QUELEN, archevêque de Paris; par
M. B. d'Exauvillez. 2 vol. in-8.

LE MÊME OUVRAGE ABRÉGÉ. 1 vol. in-18.

VIE DE M. DE LA MOTTE, évêque d'Amiens; par
M. l'abbé Proyart. 1 vol. in-12.

VIE DE M. DE LANTAGES, premier supérieur du séminaire du Puy. 1 vol. in-8.

LE MÊME OUVRAGE. 1 vol. in-18.

VIE DE M. DE RENTY, ou Modèle du parfait chrétien.
2 vol. in-18.

VIE DE M. F.-X. FOUGEROUX, suivie de Notices sur la vie édifiante de plusieurs personnes vertueuses mortes dans ces derniers temps; par M. Gossin. 1 vol. in-18.

VIE DE M. GRIGNON DE MONTFORT. 1 vol. in-32.

VIE DE M. OLIER. 1 vol. in-8.

VIE DE M. OLIER, fondateur du séminaire de Saint-Sulpice, accompagnée de Notices sur un grand nombre de personnages contemporains. 2 vol. in-8.

VIE DE M. OLIER, extraite du précédent ouvrage. 1 vol. in-12.

VIE DE NOTRE SEIGNEUR JÉSUS-CHRIST, tirée des quatre évangélistes. 1 vol. in-12. (*Voyez* Vie de Jésus-Christ.)

VIE DE NOTRE SEIGNEUR JÉSUS-CHRIST, tirée des quatre évangélistes; par le P. de Ligny. 1 vol. in-12.

VIE DE SAINT AMBROISE. 1 vol. in-32.

VIE DE SAINT ANTOINE, premier ermite. 1 vol. in-32.

VIE DE SAINT ATHANASE. 1 vol. in-32.

VIE DE SAINT BENOIT. 1 vol. in-12.

VIE DE SAINT BERNARD; par M. l'abbé F. 1 vol. in-18.

VIE DE SAINT BERNARD. 1 vol. in-32. (*Voyez* Histoire de saint Bernard.)

VIE DE SAINT CHARLES BORROMÉE. 1 vol. in-32. (*Voyez* Histoire de saint Charles.)

VIE DE SAINT CYPRIEN, évêque de Carthage. 1 vol. in-32.

VIE DE SAINT DOMINIQUE. 1 vol. in-32.

VIE DE SAINTE ADÉLAIDE, impératrice d'Allemagne. 1 vol. in-18.

VIE DE SAINTE CATHERINE. 1 vol in-32.

VIE DE SAINTE DE CHANTAL. 1 vol. in-12. (*Voyez* Vie de la bienheureuse mère de Chantal, et Vie abrégée.)

VIE DE SAINTE ÉLISABETH DE HONGRIE. 1 vol. in-32.

VIE DE SAINTE GENEVIÈVE, patronne de Paris; par Mademoiselle Brun. 1 vol. in-18. (*Voyez* Histoire.)

VIE DE SAINTE PHILOMENE; par M. l'abbé G. 1 vol. in-32.

VIE DE SAINTE RESTITUTE, vierge et martyre; par Dagneau. 1 vol. in-18.

VIE DE SAINTE RICHARDE, impératrice d'Allemagne, reine de France; par M. L. H. 1 vol. in-12.

VIE DE SAINTE THÉRÈSE; par M. de Villefore. 2 vol. in-12.

VIE DE SAINTE THÉRÈSE. 1 vol. in-32.

VIE DE SAINTE VÉRONIQUE GIULIANI. 1 vol. in-32.

VIE SAINTE ZITE, servante de Lucques au xiii⁰ siècle; par M. le baron de Montreuil. 1 vol. in-8.

VIE DE SAINT FRANÇOIS D'ASSISE. 1 vol. in-32. (*Voyez* Abrégé.)

VIE DE SAINT FRANÇOIS DE BORGIA; par Godescard. 1 vol. in-32.

VIE DE SAINT FRANÇOIS DE GIROLAMO. 1 vol. in-32.

VIE DE SAINT FRANÇOIS DE SALES; par Marsollier. 2 vol. in-12. (*Voyez* Histoire.)

VIE DE SAINT FRANÇOIS DE SALES; par Godescard. 1 vol. in-32.

VIE DE SAINT FRANÇOIS XAVIER, par le P. Bouhours;

augmentée du précis de la vie du P. Charles de Spinola, et de la relation du martyre du Japon en 1622, par le P. d'Orléans. 1 vol. in-12.

VIE DE SAINT FRANÇOIS XAVIER. 1 vol. in-32.

VIE DE SAINT HILARION, père des moines de la Palestine. 1 vol. in-32.

VIE DE SAINT IGNACE, fondateur de la compagnie de Jésus; par le P. Bouhours. 1 vol. in-12.

LE MÊME OUVRAGE. 2 vol. in-18.

VIE DE SAINT IGNACE DE LOYOLA. 1 vol. in-32.

VIE DE SAINT JEAN-BAPTISTE. 1 vol. in-32.

VIE DE SAINT JEAN CHRYSOSTOME. 1 vol. in-32.

VIE DE SAINT JEAN-DE-LA-CROIX, premier carme déchaussé, confesseur de sainte Thérèse et son coadjuteur dans la réforme du Carmel; par Collet. 1 vol. in-12.

VIE DE SAINT JEAN-FRANÇOIS RÉGIS; par le P. Daubenton. 1 vol. in 12. (*Voyez* Vie du B. Jean-François Régis.)

VIE DE SAINT JEAN-JOSEPH DE LA CROIX D'ALCANTARA. 1 vol in-32.

VIE DE SAINT JEAN NÉPOMUCÈNE, martyr du secret de la confession. 1 vol. in-32.

VIE DE SAINT JÉROME, prêtre, docteur de l'Église. 1 vol. in-32.

VIE DE SAINT JOSEPH DE COPERTINO. 1 vol. in-12.

VIE DE SAINT LIGUORI. 1 vol. in-32.

VIE DE SAINT LOUIS DE GONZAGUE, par le P. Cépari; traduite par M. Galpin. 1 vol. in-12.

VIE DE SAINT LOUIS DE GONZAGUE, suivie de celle

du bienheureux Stanislas Kostka, par le P. Cépari ; traduites par M. Calpin. 1 vol. in-12.

VIE DE SAINT LOUIS DE GONZAGUE, traduite de l'italien du P. Cépari, par M. Calpin ; nouvelle édition, revue par MM. Grégoire et Collombet. 1 vol. in-12.

LE MÊME OUVRAGE. 1 vol. in-18.

VIE DE SAINT LOUIS DE GONZAGUE ; par M. l'abbé Hunkler. 1 vol. in-32.

VIE DE SAINT LOUIS, roi de France. 1 vol. in-12.

VIE DE SAINT LOUP, évêque de Troyes, suivie de celles de saint Jean Chrysostôme, de saint Siméon Stylite et d'une Revue religieuse du vᵉ siècle. 1 vol. in-12.

VIE DE SAINT MARTIN, évêque de Tours. 1 vol. in-32.

VIE DE SAINT VINCENT DE PAUL, par Abelly ; suivie de la Vie de M. Alméras, ami et successeur immédiat de saint Vincent de Paul. 2 vol. in-8.

VIE DE SAINT VINCENT DE PAUL ; par Collet. 1 vol. in-12.

VIE DE SAINT VINCENT DE PAUL ; par M. Capefigue. 1 vol. in-12.

VIE DE SAINT VINCENT DE PAUL ; par M. de Reboul-Berville. 1 vol. in-12.

VIE DE SAINT VINCENT FERRIER. 1 vol. in-32.

VIE DES DAMES FRANÇAISES LES PLUS ILLUSTRES par leur piété et leur charité (Abrégé de la). 1 vol. in-18.

VIE DES SAINTS racontée aux enfants ; par M. A. de Resbecq. 1 vol. in-12.

VIE DE VICTORINE DE GALARD-TERRAUBE, décédée à Paris, en odeur de sainteté, le 8 février 1836. 1 vol. in-12.

VIE DE VOLTAIRE ; par M. Lepan. 1 vol. in-12.

Le même ouvrage. 1 vol. in-18.

VIE DU BIENHEUREUX JEAN – FRANÇOIS RÉGIS. 1 vol. in-12. (*Voyez* Vie de saint Jean-François Régis.)

VIE DU BIENHEUREUX PIERRE FOURRIER ; par Mademoiselle Héloïse Pillard. 1 vol. in-12.

VIE DU CARDINAL D'AMBOISE, premier ministre de Louis XII, avec un parallèle des cardinaux célèbres qui ont gouverné des États ; par M. l'abbé Le Gendre. 1 vol. in-4.

VIE DU CARDINAL DE CHEVERUS, archevêque de Bordeaux. 1 vol. in-12.

VIE DU CHRÉTIEN (la), avec un moyen facile pour faire une confession générale ; par le P. Jean Eudes. 1 vol. in-12.

VIE DU DAUPHIN, père de Louis XV ; par M. l'abbé Proyart. 2 vol. in-12.

VIE DU DAUPHIN, père de Louis XVI ; par M. l'abbé Proyart. 1 vol. in-12.

VIE DU JEUNE HENRI COMARMOND, étudiant au séminaire de Viviers ; par M. B. d'Exauvillez. 1 vol. in-18.

VIE DU JEUNE LOUIS XVII, par M. A. Antoine. 1 vol. in-18.

VIE DU P. BRYDAINE ; par M. l'abbé Carron. 1 vol. in-12.

VIE DU P. JEAN EUDES, instituteur de la congrégation de Jésus et Marie, et de l'ordre de Notre-Dame de Charité ; par le P. de Montigny. 1 vol. in-12.

VIE DU P. JEAN RIGOLEU, avec ses *Traités de dévotion* et ses *Lettres spirituelles*. 1 vol. in-12.

VIE DU VÉNÉRABLE GRIGNON DE MONTFORT. 1 vol. in-12.

VIE DU VICOMTE DE TURENNE. 1 vol. in-12.

VIE PÉNITENTE DE MADAME LA DUCHESSE DE LA VALLIÈRE, avec ses *Réflexions sur la miséricorde de Dieu.* 1 vol. in-32.

VIERGE CHRÉTIENNE (la); par M. A.-L C. 1 vol. in-18.

VIES CHOISIES DES PÈRES DU DÉSERT. 2 vol. in-12.

VIES DE DANIEL ET D'ÉZÉCHIEL, prophètes. 1 vol. in-32.

VIES DE PLUSIEURS SAINTS MONARQUES. 1 vol. in-12.

VIES DE QUELQUES BIENFAITEURS de l'humanité; par M. A. de Beaufort. 1 vol. in-8.

VIES DE QUELQUES SAINTES PÉNITENTES. 1 vol. in-32. (Sainte Marie-Madeleine, sainte Marie-Egyptienne, sainte Thaïs, sainte Pélagie, sainte Marie, nièce d'Abraham.)

VIES DE QUELQUES SAINTS ENFANTS. 1 vol. in-32. (Les saints Innocents, saint Cyrille, saints Rogatien et Donatien, saint Romain, saint Cyr et sainte Julitte, saint Simon ou Siméon, la bienheureuse Imelda Lambertini.)

VIES DE SAINT BAZILE ET DE SAINT GRÉGOIRE DE NAZIANZE. 1 vol. in-32.

VIES DE SAINTE PAULE ET DE SAINTE EUPHRASIE. 1 vol. in-32.

VIES DE SAINTES Clotilde, Hélène, Bathilde, Radégonde, Adelaïde, et autres reines et impératrices. 1 vol. in-32.

VIES DE SAINT LOUIS DE GONZAGUE ET DE SAINT STANISLAS KOSTKA. 1 vol. in-32.

VIES DES APOTRES. (Saints André, Barnabé, Barthélemi, Jacques, Jude, Matthias, Philippe, Simon, Thomas.) 1 vol. in-32.

VIES DES FONDATRICES d'ordres religieux, et de quelques dames qui ont édifié le monde et le cloître par leur piété et leurs vertus, depuis le iiie siècle jusqu'à nos jours; publiées par M. J.-M.-N. Jubin. 2 vol. in-18.

VIES DES JUSTES dans les plus humbles conditions de la société; par M. l'abbé Carron. 1 vol. in-12.

VIES DES JUSTES parmi les filles chrétiennes; par M. l'abbé Carron. 1 vol. in-12.

VIES DES PÈRES DES DÉSERTS D'ORIENT, avec leur doctrine spirituelle et leur discipline monastique; par le P. Michel-Ange Marin. 9 vol. in-12.

VIES DES PÈRES DES DÉSERTS et des saints solitaires d'orient et d'occident. 4 vol. in-12.

VIES DES PÈRES, des martyrs, et des autres principaux saints (Abrégé des); par Godescard. 4 vol. in-12.

VIES DES PLUS ILLUSTRES PHILOSOPHES de l'antiquité; par Fénelon. 1 vol. in-12.

VIE DES SAINTES FEMMES vierges et martyres (Abrégé de la) pour tous les jours de l'année. 2 vol. in-12.

VIES DES SAINTES VIERGES Geneviève, Eulalie, Euphémie, Isabelle de France, Rose de Lima, Angèle de Mérici et Agnès d'Assise. 1 vol. in-32.

VIES DES SAINTS, pour chaque jour de l'année. 2 vol. in-12.

VIES DES SAINTS, pour tous les jours de l'année, avec

16

une prière et des pratiques à la fin de chaque vie. 1 vol. in-12.

VIES DES SAINTS, pour tous les jours de l'année, 1 vol. in-12.

VIES DES SAINTS ÉVANGÉLISTES. 1 vol. in-32.

VIES DES SAINTS militaires, ouvriers, servantes, etc. 1 vol. in-12.

VIES D'ISAAC ET DE JOSEPH, patriarches. 1 vol. in-32.

VIES D'ISAIE ET DE JÉRÉMIE, prophètes. 1 vol. in-32.

VIES ÉDIFIANTES de trois jeunes demoiselles. 1 vol. in-18.

VIEUX BUCHMANN (le), imité de l'allemand. 1 vol. in-32.

VIEUX CHATEAU (le); par Schmid. 1 vol. in-32.

VIEUX DE LA MONTAGNE (le), ou le Retour du comte de Wallstein à la vertu; par M. L. H. 1 vol. in-18.

VINCENT DE PAUL peint par ses écrits (Saint), ou Recueil des maximes, des conseils, des pratiques et des lettres de saint Vincent de Paul; extrait et mis en ordre par M. Gossin. 1 vol. in-12.

VIRGINIE, ou la Vierge chrétienne, histoire sicilienne, pour servir de modèle aux filles qui aspirent à la perfection; par le P. Michel - Ange Marin. 2 vol. in-12.

VISITES AU SAINT SACREMENT ET A LA SAINTE VIERGE pour chaque jour du mois, par saint Liguori; traduites en français sur la 15e édition italienne; édition revue et augmentée par le P. Baudrand. 1 vol. in-18.

VITTORIA ACCORAMBUONI, Nouvelle italienne du xvie siècle. — Notice sur Sixte V. 1 vol. in-12.

VOIE DU SALUT (la); par M. l'abbé Niel. 1 vol. in-18.

VOLET (le), imité de l'allemand. 1 vol. in-32.

VOLTAIRE APOLOGISTE DE LA RELIGION CHRÉ-
TIENNE; par l'auteur des *Apologistes involontaires*.
1 vol. in-8.

VOYAGE A LA GRANDE CHARTREUSE; par M. Du-
pré-Deloire. 1 vol. in-12.

VOYAGE AUX PYRÉNÉES. 2 vol. in-18.

VOYAGE DANS LE BAS-LANGUEDOC, LE COMTAT
ET LA PROVENCE (Souvenirs d'un); par M. Maxime
de Montrond. 1 vol. in-12.

VOYAGE DANS LES PYRÉNÉES (Souvenirs d'un);
1 vol. in-12.

VOYAGE DE LA TRAPPE A ROME; par le P. de Géramb. 1 vol. in-12.

VOYAGE D'UN JEUNE IRLANDAIS à la recherche d'une
religion, avec des notes et des éclaircissements; par
Thomas Moore; traduit de l'anglais par M. l'abbé
Didon. 1 vol. in-8.

VOYAGE EN ITALIE. 2 vol. in-18.

VOYAGES AU POLE NORD (Abrégé de tous les), depuis
Nicolo Zeno jusqu'au capitaine Ross; par M. Henri Lebrun. 1 vol. in-12.

VOYAGES AUTOUR DU MONDE (Nouvel abrégé de tous
les), depuis Magellan jusqu'à d'Urville et Laplace.
(1519-1832.) 1 vol. in-12.

VOYAGES dans l'Asie méridionale, Indoustan, Indo-
Chine, Sindhy, Lahore, Caboul et Afghanistan, depuis
les temps les plus reculés jusqu'à nos jours; par M. E.
Garnier. 1 vol. in-12.

VOYAGES DE GULLIVER; par J. Swift; traduction
nouvelle épurée. 1 vol. in-12.

VOYAGES EN ABYSSINIE ET EN NUBIE; recueillis et mis en ordre par M. Henri Lebrun. 1 vol. in-12.

VOYAGES ET AVENTURES DE LA PEYROUSE; par M. F. Valentin. 1 vol. in-12.

VOYAGES ET DÉCOUVERTES des compagnons de Christophe Colomb. 1 vol. in-12.

VOYAGES ET DÉCOUVERTES dans l'Afrique centrale et septentrionale; par M. Henri Lebrun. 1 vol. in-12.

VOYAGES (Récits et impressions de); par M. X. 1 vol. in-18.

VOYAGES (Souvenirs de); par M. le vicomte Walsh. 1 vol. in-8.

VOYAGES (Souvenirs de). — Les bords du Rhin; la Hollande, l'Angleterre, l'Écosse et Cherbourg; par M. le baron de Mengin Fondragon. 1 vol. in-8.

VOYAGEUR FRANÇAIS (le), ou la connaissance de l'ancien et du nouveau monde; par M. l'abbé Delaporte. 26 vol. in-12.

VOYAGEURS EN FRANCE (Les jeunes), ou Description pittoresque du sol et des curiosités de ce pays, avec l'esquisse des mœurs de chaque province; par Malte-Brun. 2 vol. in-12.

VRAI DISCIPLE DE JÉSUS-CHRIST (le), ou Explication des principales prières du chrétien, avec des notes et des versets de l'Écriture sainte, suivie d'un Abrégé de la doctrine chrétienne, et de la Morale des quatre évangélistes; par M. A. Peigné, membre de l'Université. 1 vol. in-12.

VRAIE ET SOLIDE PIÉTÉ (la), expliquée par saint François de Sales, recueillie de ses lettres et de ses entretiens. 1 vol. in-12.

W

WAVERLEY, par Walter Scott; édition abrégée par M. B. d'Exauvillez. 1 vol. in-12.

WILFRID, ou la Prière d'une mère; par M. Adrien Lemercier. 1 vol. in-18.

WOODSTOCK, ou le Cavalier, par Walter Scott; édition abrégée par M. B. d'Exauvillez. 1 vol. in-12.

Z

ZOOLOGIE (Petite); par M. Meissas. 1 vol. in-18.
ZOOLOGIE (Résumé de); par M. Meissas. 1 vol. in-12.